STRATEGO 8

Übungen zum Rechtschreiben

Erarbeitet von: Wolfgang Menzel
Roland Henke
Ingrid Rinke
Günter Rudolph

Illustriert von: Jörg Hartmann
Daniel Sohr

westermann

Druck A[8] / Jahr 2016
Alle Drucke der Serie A sind im Unterricht parallel verwendbar.

Redaktion: Birgitt Brüschke, Kassel
Layout und Herstellung: imagon GmbH, produziert mit PaperPublisherPro
Umschlaggestaltung: Hannes Thies
Druck und Bindung: westermann druck GmbH, Braunschweig

ISBN 978-3-14-**124053**-5

Inhalt

Wörter mit Ä/ä oder E/e 4
Wörter mit ä und äu 5
Wortfamilien mit h 6
Wörter mit -ig 7
Wörter mit s oder ß? 8
Wörter mit x, chs, ks oder cks 9
Im Wörterbuch nachschlagen 10
Wörter mit i 11
Fremdwortfamilien 12
Fremdwörter üben 13
Fremdwörter nachschlagen 14
Worttrennung am Zeilenende 15
Trennungsfehler – Trennungsfallen 16
Zusammenschreibung von Verben mit anderen Wörtern 17
Getrennt- und Zusammenschreibung von Verben mit anderen Wörtern 1 18
Getrennt- und Zusammenschreibung von Verben mit anderen Wörtern 2 19
Getrennt oder zusammen und groß? 1 20
Getrennt oder zusammen und groß? 2 21
Fügungen mit Adjektiven und Verben – getrennt oder zusammen? 1 22
Fügungen mit Adjektiven und Verben – getrennt oder zusammen? 2 23
Wenn Verben und Adjektive zu Nomen werden 1 24
Wenn Verben und Adjektive zu Nomen werden 2 25
Großschreibung von Redewendungen 26
Die Schreibung von Eigennamen 27
Das Komma vor *und* und vor *oder* 28
Verbindungen von Hauptsätzen 29
Vorausgestellte und nachgestellte Nebensätze 30
Eingeschobene Nebensätze 31
Satzgefüge: Hauptsätze und mehrere Nebensätze 32
Nebensätze mit *das* und *dass* 1 33
Nebensätze mit *das* und *dass* 2 34
Nebensätze mit *das* und *dass* 3 35
Zeichen der wörtlichen Rede 36
Alltäglich, aber nicht einfach 37
Strategien anwenden 1 38
Strategien anwenden 2 39
Strategien anwenden 3 40
Strategien anwenden 4 41
Zum Üben 1 42
Zum Üben 2 43
Zum Üben 3 44
Zum Üben 4 45
Einen Text berichtigen 46
Sprichwörter entziffern 47
Verdrehte Buchstaben 48

Wörter mit Ä/ä oder E/e

allm*hlich, die Kriminalit*t, der Kl*cks, die Gef*lligkeit, die Ges*lligkeit, *chzen n*mlich, verb*rgen, s*ltsam, das Gef*ngnis, unbed*nklich, die Besch*ftigung, z*hmen, erw*hnen, g*hnen, die Besch*digung, bedr*ngen, st*ndig, s*sshaft, kl*mmen, die H*rde, der Sanit*ter, die *chse, einf*rben, der Holzf*ller, das *cho, die Erkl*rung, d*rb, die Beschw*rde, das Ger*t, bem*ngeln, beh*rzigen, ausb*ssern, verg*sslich

1 Allen Wörtern fehlt das **Ä/ä** oder das **E/e**. Lies zunächst einmal alle Wörter und überprüfe, ob sie dir bekannt sind.

2 Schreibe die Wörter auf, deren Schreibweise dir klar ist.

3 Welche Wörter mit **Ä/ä** kannst du auf ein verwandtes Wort mit **A/a** zurückführen? Schreibe sie auf.

Wort	verwandte Form	Wort	verwandte Form
Gefängnis	gefangen		

4 Schreibe die restlichen Wörter auf. Überprüfe ihre Schreibweise mit dem Wörterbuch.

Wörter mit ä und äu

Diese Wörter mit **ä** und **äu** lassen sich nicht auf Wörter mit **a**/**au** zurückführen. Trotzdem werden sie mit **ä** und **äu** geschrieben. Damit du dir die Schreibung merken kannst, hilft nur häufiges Üben.

sägen, ächzen, Krähe, gähnen, sich sträuben, Bär, dämlich, Geschäft, Träne, dämmern, fähig, Geländer, grätschen, jäten, Käse, krähen, lärmen, Mädchen, kläffen, mähen, plärren, schräg, Knäuel, Säule, Gräte

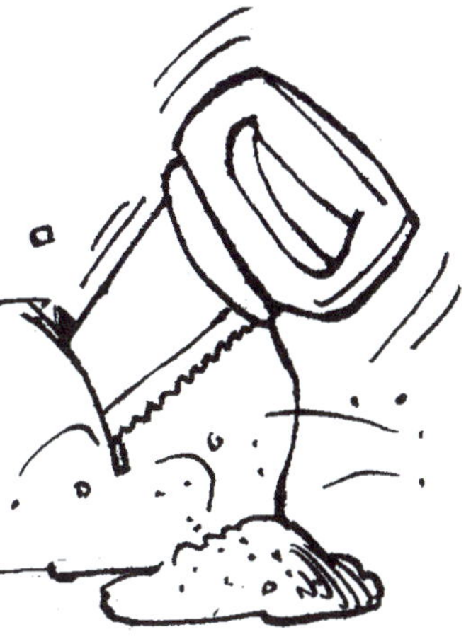

1 Schreibe die Wörter in alphabetischer Reihenfolge auf.

2 Schreibe die Wörter nach Wortarten getrennt auf:

Nomen:

Verben:

Adjektive:

3 Schreibe die Wörter mit **äu** auf:

4 Erkennst du die einzelnen Wörter, obwohl ihnen das **ä** fehlt? Schreibe sie auf.

dmlichchzenschrgsgendmmernfhigplrrenmhenghnengrtschenlrmenkrhenjten

Wortfamilien mit h

1 Schreibe die Wörter nach Wortfamilien getrennt auf.
Immer drei Wörter gehören zusammen. Entscheide, ob sie ein **h** enthalten.
Ein Wort bildet eine Ausnahme, es schreibt sich ohne **h**!

drehen

er dreht

Dieses Wort bildet die Ausnahme und schreibt sich ohne **h**: ______

2 Schreibe zu jeder Wortfamilie noch ein Wort hinzu.

3 Das **h** in diesen Wortfamilien ist ein silbentrennendes **h**: Es steht zwischen einem langem Vokal und einem kurzen **e**. Es zeigt den Beginn einer neuen Silbe an und ist hörbar: *dre**h**en*. Markiere diese Wörter farbig.

4 In manchen Wortformen ist das **h** nicht mehr hörbar und es folgt keine Silbe, sondern ein Konsonant: *er dre**h**t*. Das **h** bleibt aber trotzdem bestehen, denn die Wortfamilie „vererbt“ das **h**. Markiere diese Wörter mit einer anderen Farbe.

Wörter mit -ig

Bei diesen Wörtern kommt es oft zu Unsicherheiten beim Schreiben, denn **-ig geschrieben** *(König)* wird hochdeutsch **-ich gesprochen**.

1 „Verlängern" kann helfen: Schreibe das Adjektiv im Zusammenhang mit einem Nomen auf.

brüchig brüchige Fingernägel	aufmüpfig ______
riesig ______	schwierig ______
hitzig ______	fertig ______
sechzig ______	winzig ______
putzig ______	heftig ______
lässig ______	richtig ______

2 Schreibe zu jedem Adjektiv das passende Nomen.

nebelig	tadelig	rückfällig	schimmelig
adelig	hügelig	runzelig	schwindelig
eklig	stachelig	schusselig	schnörkelig

nebelig – Nebel, ______

______

______

Alle Wörter, die auf **l** enden, bilden das **Adjektiv** stets mit ***-ig:***
Nebel + ig → nebelig
Manchmal entfällt dann das **e** vor dem **l**: **neblig.**

Du hast also zwei Strategien, um herauszufinden, ob ein Wort mit **-ig** geschrieben wird:
1. das Wort verlängern,
2. prüfen, ob der Wortstamm auf **l** endet.

3 Wende bei den folgenden Wörtern beide Proben an und entscheide, ob die Wörter mit **-ig** geschrieben werden. Eines der Wörter hat eine andere Wortendung.

schwefel____ knall____ dussel____ herrl____ winkel____

Wörter mit s oder ß?

Bei manchen Wörtern weiß man wirklich nicht, ob sie mit **s** oder **ß** geschrieben werden. Natürlich bekommt man es heraus, wenn man sie verlängert.
Dann kann man hören, ob das **s** stimmhaft ist oder stimmlos: *der Ausweis – die Ausweise.*
Und jeder weiß ja: **Das stimmhafte *s* wird immer *s* geschrieben.**

Aber erstens können viele das stimmhafte **s** von dem stimmlosen **s** nicht immer unterscheiden, und zweitens weiß man manchmal nicht, ob das verlängerte Wort tatsächlich ein stimmhaftes oder stimmloses **s** hat. Dann hilft nur das Nachschlagen!

1 Schreibe diese Wörter, in denen für das **s** und **ß** immer ein ? steht, in die Spalten richtig hinein. Versuche eine längere Form zu finden, von der du sie ableiten kannst.
Schlage in jedem Falle nach, denn es sind einige Wörter dabei, bei denen du vielleicht eine Überraschung erlebst!

Wörter mit s:	**Wörter mit ß:**
der Ausweis (die Ausweise)	bloß (mit bloßen Füßen)
	der Fraß (gefräßig)

Wörter mit x, chs, ks oder cks

Beim Sprechen der folgenden Wörter hörst du immer ein **ks**.
Es gibt jedoch vier verschiedene Möglichkeiten, das gehörte **ks** zu schreiben:

*kra**x**eln* *wa**chs**en* *pi**ks**en* *kle**cks**en*

Text, extrem, Lachs, Export, mucksen, experimentieren, exklusiv, piksen, Exemplar, Axt, verflixt, wachsen, Hexerei, wechseln, Galaxie, sechs, kraxeln, Büchse, Jux, Ochse, komplex, oxidieren, Fuchs, maximal, Deichsel, klecksen, Praxis, Frühstückspause, Knicks, flexibel, Knacks, Glückskind, mixen, murksen, volkstümlich, Box, links, Fax, fix, Keks, Luxus, staksig

1 Schreibe in die linken Zeilen die Wörter geordnet nach ihrer Schreibweise auf.

2 Schreibe rechts daneben zu einigen Wörtern verwandte oder zusammengesetzte Wörter.

Wörter mit x:

Text ______ Textilien, Textstelle

Wörter mit chs:

Wörter mit ks:

Wörter mit cks:

Im Wörterbuch nachschlagen

Wenn du die folgenden Wörter liest, bist du zunächst vielleicht etwas verwirrt:
Schreibt man das so – oder so? Da kommt man manchmal erst auf dumme Gedanken!
Nun musst du alle diese Wörter wirklich nicht unbedingt schreiben können.
Wenn du aber das Nachschlagen lernen willst, musst du dir tatsächlich vorstellen, dass ein Wort so – oder anders geschrieben werden könnte.

1 Alle diese Wörter enthalten Fehler.
- Vermute einmal, an welcher Stelle sich dieser Fehler befindet. Streiche diese Stelle an.
- Schreibe dann die Wörter so auf, wie du denkst, dass sie geschrieben werden.
- Schlage anschließend die Wörter im Wörterbuch nach.
- Berichtige jetzt deine Wörter, wenn du sie falsch geschrieben hast.
- Streiche zum Schluss die falschen Wörter durch.

der Uhrlaub	____________	die Kasette	____________
demollieren	____________	der Kusäng	____________
die Atletin	____________	das Packet	____________
sympatisch	____________	krakehlen	____________
das Puzzel	____________	der Pulover	____________
die Paniek	____________	ansträngen	____________
die Blühte	____________	die Vanilje	____________
erbermlich	____________	das Kommpott	____________
quängeln	____________	der Kätschup	____________
die Karrikatur	____________	konfuß	____________
interressant	____________	der Tip	____________
agressiv	____________	sohlar	____________
die Butique	____________		

2 Dieser Text enthält sieben Fehler. Streiche sie an und schreibe den Text richtig auf.

Open-Air-Konzert
Die „Chaosgruppe" gab Samstagnacht ein tolles Open-Air-Konzert. Der Rhytmus der Bänd war echt fetzig. Die Texte ihrer Lieder waren sehr intressant. Viele der Zuhörer kannten sie schon und konnten mitgröhlen. Nach jedem Song spendete das Puplikum riesigen Beifall. Die Ovazionen am Schluss des Konzerts wollten kein Ende nehmen. Der hohe Eintrittspreis hatte sich gelont.

Wörter mit i

In einer größeren Anzahl von Fremdwörtern mit Endungen wie **-ik,-il**, **-im**, **-in(e)**, **-it** wird der lange i-Laut als **i** geschrieben: Benz**i**n.

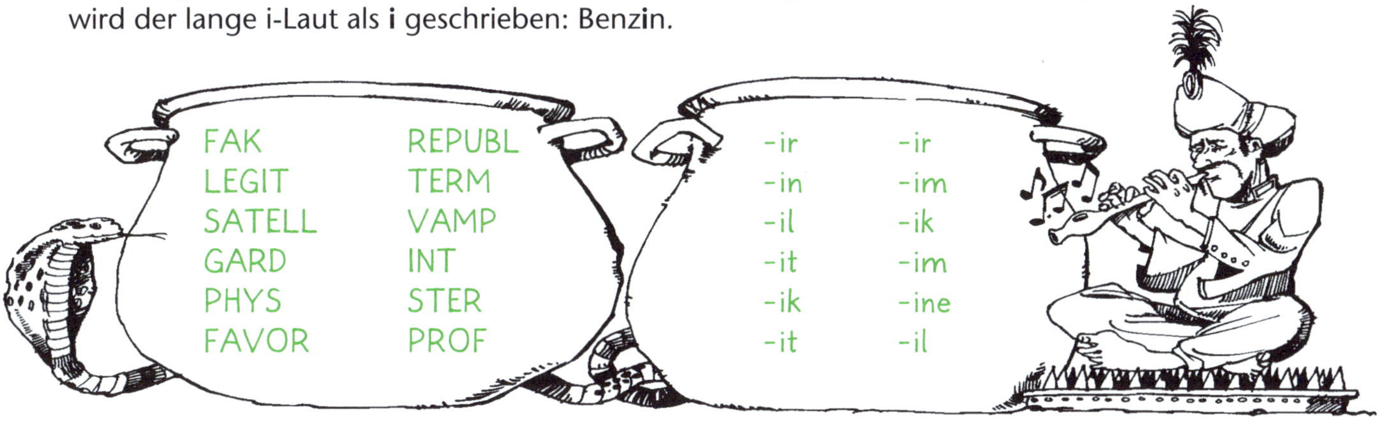

1 Setze diese Wortteile zu Wörtern zusammen. Achtung: Einige dieser Wörter sind keine Nomen und werden kleingeschrieben. Schlage im Wörterbuch nach.

2 Schreibe noch einige weitere Wörter mit diesen Endungen dazu.

3 In diesen Wortpaaren stehen sich Wörter mit **i** und **ie** gegenüber. Bilde kurze Sätze oder Wortzusammensetzungen mit diesen Wörtern, aus denen hervorgeht, was sie bedeuten. Nimm im Zweifelsfall das Wörterbuch zu Hilfe.

Stiel:

Stil:

Miene:

Mine:

Lied:

Lid:

Fremdwortfamilien

1 Finde die einzelnen Fremdwörter heraus, indem du sie durch senkrechte Striche trennst.

ISOLATION|SYSTEMKORREKTURKORRIGIERENIDENTIFIZIERENFUNKTIONAL
FUNKTIONAKTIVISOLIERENAKTIONFORMATSYSTEMATISCHINFORMIEREN
IDENTIFIKATIONINFORMATIONFUNKTIONIERENAKTIVIERENFORMATIEREN
IDENTIFIZIERTFORMLOSSYSTEMATISIERENISOLIERTKORRIGIERTINFORMATIV

2 Schreibe die Wörter nach Wortfamilien geordnet auf. Achte auf die Groß- und Kleinschreibung. Schreibe weitere dir bekannte Wörter der Wortfamilie hinzu.

Fremdwörter üben

Die folgenden Fremdwörter stammen alle aus dem Computerbereich.

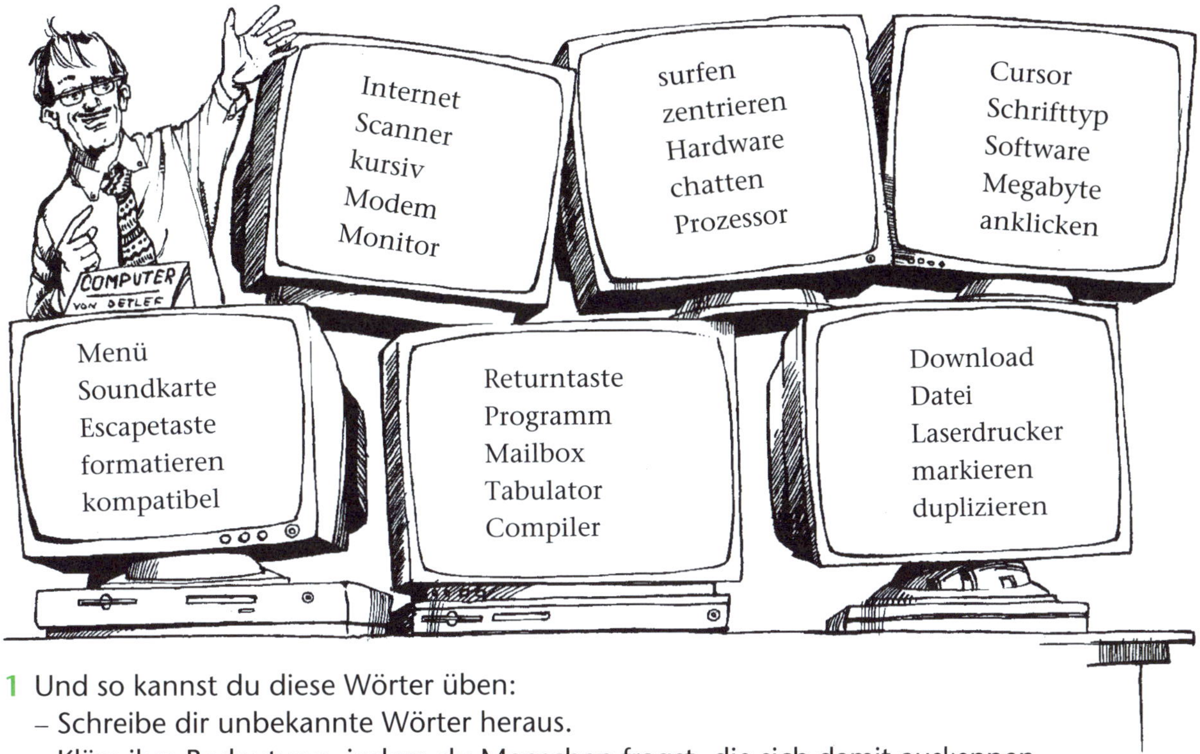

1 Und so kannst du diese Wörter üben:
- Schreibe dir unbekannte Wörter heraus.
  Kläre ihre Bedeutung, indem du Menschen fragst, die sich damit auskennen.
- Schreibe die Wörter nach dem Alphabet geordnet in dein Heft.
- Schreibe die Wörter getrennt nach Wortarten auf.
- Schreibe die Wörter in drei Gruppen auf:
  1. Wörter, die englisch ausgesprochen werden,
  2. Wörter, die gleich gesprochen und geschrieben werden,
  3. Wörter, die in einer Mischform vorkommen.

2 Durch Verschieben der Lücken findest du die richtigen Fremdwörter heraus.
Schreibe sie in dein Heft.

TABULA TOR LASER DRUCK ERESCAPE TAST EDOWNLO ADPROGRAMM
FORMAT IERENMONI TORMEGA BYTEM ODEM ZENTRI ERENSCAN
NERINTER NETCHAT TENPRO ZESS ORDATE IRETURNTA STECURSOR
SUR FENSOFTWA REMAILBOX

3 Finde die passenden Wörter aus der Wörterliste oben.

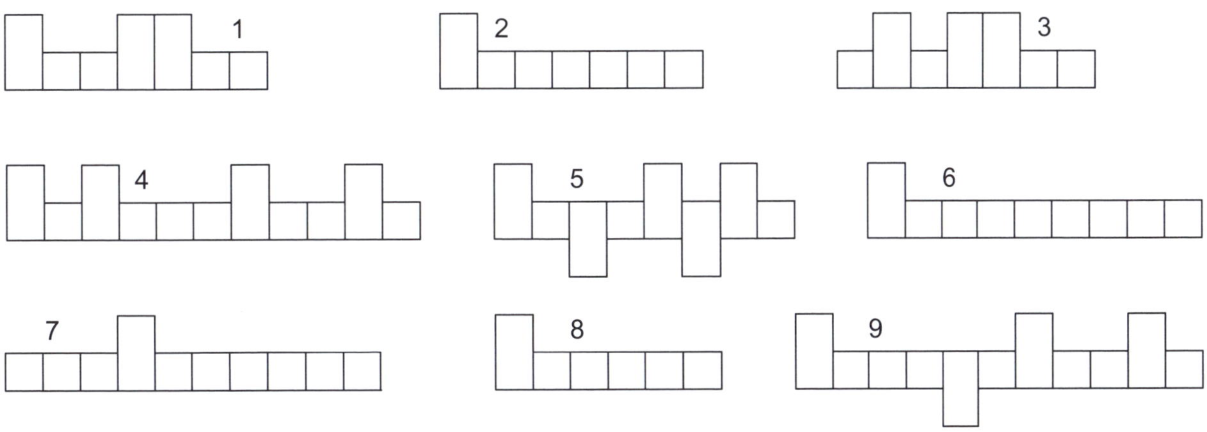

Fremdwörter nachschlagen

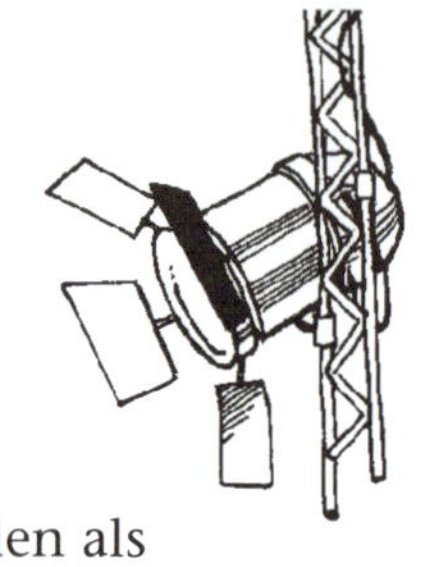

Not Ladylike
Susanna, Heike, Julia, Maike und Tanja, fünf Freundinnen, spielen als Band in dieser Formation schon seit zwei Jahren zusammen und nennen sich *Not Ladylike.* „Wir sind absolut keine Girlie-Band und können das auch schon bald nicht mehr hören“, zieht Drummerin Heike Bilanz. Inspiriert durch den Song „Every breath you take“ von *The Police* bekam die Gruppe ihre Richtung. „Genau den wollten wir als ersten Song covern, aber ich konnte ihn nicht auf der Gitarre nachspielen. Also versuchte ich es mit der Geige“, erzählt Maike, die für den Violinpart zuständig ist. Wie man das musikalische Resultat von *Not Ladylike* nennen kann, darüber sind sie sich nicht ganz einig. Nach längerer Diskussion einigt man sich auf „vergeigte Rockmusik mit Folkeinflüssen“. Ansonsten gibt es für die Band keine klaren Idole. Ähnlich verhält sich das Ganze auch bei den Texten. Wenn jemand eine Idee hat, dann wird sie realisiert.

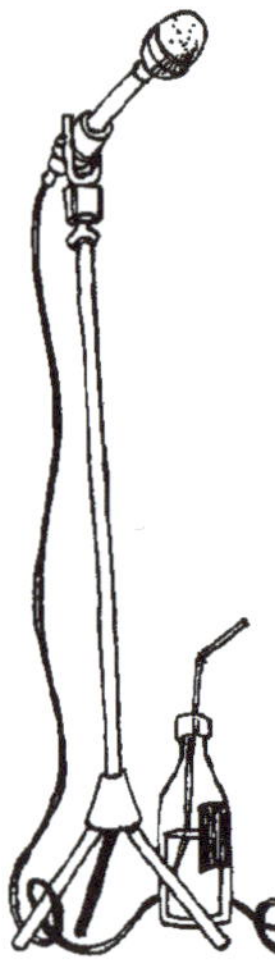

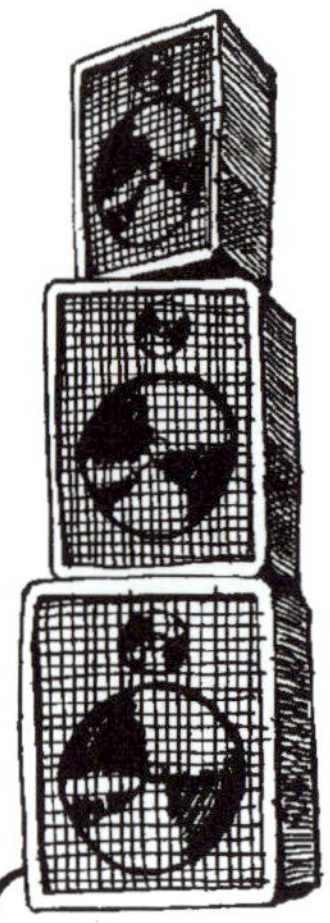

1 Schreibe die Fremdwörter heraus und kläre ihre Bedeutung durch Nachschlagen.

2 Finde die einzelnen Fremdwörter heraus, indem du sie einkreist und in dein Heft schreibst.

MUSIKDISKUSSIONRESULTATVIOLINPARTCOVERNSONGINSPIRIEREN
BILANZDRU
MMERINGIRLIEFORMATIONBANDREALISIERENIDEEIDOLEFOLKEINFL
ÜSSEROCK

3 Trage die Fremdwörter, die hineinpassen, ein.

1

2

3

4

5

6

7

8

9

10

Worttrennung am Zeilenende

Wörter können am Zeilenende nach **Silben** abgetrennt werden: *Ti-ger, Ga-zel-le.*
Einzelbuchstaben trennt man **nicht** ab: *Amei-se, Säue.*
Wörter mit der Buchstabenverbindung **ck** werden genauso getrennt wie **ch** und **sch:** *wa-ckeln, wa-chen, wa-schen.*
Zusammengesetzte Wörter und Wörter mit Vorsilben werden nach ihren Wortbausteinen getrennt: *Diens-tag, Ver-ein, Las-ter* aber: *Last-auto.*
Manche Wörter kann man auf zweierlei Weise trennen: *wa-rum – war-um, hi-nauf – hin-auf.*
Trennungen, die den Leseablauf stören, sollte man vermeiden: *Spar-gelder* statt *Spargel-der.*

1 Schreibe diese Wörter mit Silbentrennungsstrichen auf. Es gibt immer nur eine Lösung!

Armut ____________ Armband ____________ Biotop ____________

Witze ____________ witzlos ____________ Ehefrau ____________

klecksen ____________ kleckern ____________ August ____________

Westen ____________ westlich ____________ Abendbrot ____________

2 Schreibe auch diese Wörter mit Trennungsstrichen auf. Es gibt immer zwei Möglichkeiten!

herein ____________ hinauf ____________

Februar ____________ Problem ____________

extra ____________ warum ____________

3 Diese Wörter sind so getrennt, dass es zu Missverständnissen kommt. Mache es besser!

Kartente-lefon ____________ Starter-laubnis ____________

Welten-de ____________ Stiefel-tern ____________

Weines-sig ____________ Talen-ge ____________

Spiegelei-er ____________ Wollla-den ____________

4 Diese Wörter sind allesamt falsch getrennt. Berichtige!

Tran-sport ____________ Nacht-eile ____________

Klo-sterfrau ____________ Fun-dort ____________

Trum-pfass ____________ Aussicht-sturm ____________

Trennungsfehler – Trennungsfallen

Beim Trennen der Wörter am Zeilenende gibt es, besonders auf dem Computer, aber auch in Zeitungen, die witzigsten Fallen. Auch können noch längst nicht alle Computer die richtigen Trennungen vornehmen. Sie machen viele Fehler. Hier sind einige solcher Fehler und Fallen.

1 Welche Wörter in den folgenden Sätzen würdest du anders trennen, damit es nicht zu Lesehindernissen kommt?
Welche Wörter musst du sogar anders trennen, weil die Trennung falsch ist?
Schreibe die richtigen oder die sinnvolleren Trennungen rechts auf.
Unterstreiche die Wörter, die falsch getrennt sind.

Diese Tatsache wirkte sich nacht-
eilig auf sie aus. Die ganze Nacht
hatte er nach Knoblauch ges-
tunken. Ihr wurde bei diesem
Gedanken tatsächlich himme-
langst. Das merkwürdige Skelett,
das sie fanden, hatte vier hufför-
mige Beinknochen. Sie griffen ins-
tinktiv an ein nicht vorhandenes
Geländer. Das Wrack trieb kielo-
ben in der gluckernden Elbe. An
diesem Samstag war die Wette-
raussicht sehr schlecht. In dieser
Landschaft gab es einige Talar-
ten, die sie in dieser verwirrenden
Vielfalt noch nie gesehen hatten.
Er spielte das letzte Trump-
fass aus. Sie bestellte eine Sau-
erampfersuppe. An den Häusern
flatterten unzählige bunte Stand-
arten. Der Augenarzt bemerkte
bei ihr sofort die große Pupille-
nerweiterung. Es kam ein Prüfin-
genieur, um die Maschinen genau
zu überprüfen. Noch kein Welten-
de ist zu erkennen. Sie blickten
von dem höchsten Aussicht-
sturm weit ins Land. Auch an
diesem Samstag war wieder Torf-
laute bei uns angesagt. Schnelles-
sen wird dem Konsumenten durch
eine Industrie ermöglicht, die
durchaus auch für Langsames-
sen die entsprechenden Speisen
produzieren könnte. Ob Alter-
steilzeit von Lehrern gewählt wird,
ist allein ihre Sache. Und hiermit
ist an dieser Stelle das Zitaten-
de angesagt!

Zusammenschreibung von Verben mit anderen Wörtern

Mit diesen Wörtern werden Verben häufig zusammengesetzt. Sie werden im Infinitiv und als Partizip II **immer zusammengeschrieben**:

ab- an- auf- aus- auseinander-
bei- beisammen- drauflos- fort-
durch- drin- ein- empor-
entgegen- entlang- gegenüber-
her- heraus- herein- herum-
hinaus- hinein- hintenüber-

hinter- hinüber- hinunter- los-
mit- nach- nebenher- nieder-
über- überein- umher- unter-
vor- voraus- vorbei- vornüber-
vorüber- vorwärts- weg-
zwischen- zurück-

1 Setze die Verben *kommen, legen, fallen, setzen* mit je fünf passenden Wörtern aus der Übersicht oben zusammen. Schreibe sie im Perfekt und in der Er-Form auf.

er ist zurückgekommen, ist vorbeigekommen,

2 Schreibe die dass-Sätze als Infinitive mit **zu** auf.

Sie hofft, dass sie pünktlich wegkommt. Sie glaubt, dass sie alles gut übersteht. Sie wünscht sich, dass sie mit ihm zusammenbleibt. Sie befürchtet, dass sie den Hang nicht ohne Sturz herunterkommt. Sie hat gesagt, dass sie hier vorüberkommt. Sie vermutet, dass sie ihm bald gegenübersteht.

Sie hofft, pünktlich wegzukommen.

Getrennt- und Zusammenschreibung von Verben und anderen Wörtern 1

Manchmal können dieselben Wörter

mit dem Verb **zusammengeschrieben** werden:
Uta will gehen, doch Robert will noch ***dableiben.***

vom Verb **getrennt geschrieben** werden:
Maria soll ***da bleiben****, wo sie jetzt steht.*

Bei dieser Schreibentscheidung können dir drei Proben helfen:

1. Bedeutungsprobe
Du musst wissen, was mit den Fügungen eigentlich gemeint ist.

Robert will noch nicht gehen.
→ **dableiben**
Die Fügung bekommt als Ganzes eine andere Bedeutung.

Sie wird **zusammengeschrieben**.

Maria soll an einer Stelle bleiben.
→ **da bleiben**
Die Wörter der Fügung behalten ihre eigene Bedeutung.

Sie werden **getrennt geschrieben**.

2. Betonungsprobe
Du musst dir die beiden Sätze laut vorlesen.

Robert will noch dableiben.

Wird das dazugekommene Wort mehr betont, dann wird **zusammengeschrieben.**

Maria soll da bleiben, …

Wird mehr das Ausgangsverb betont, dann wird **getrennt geschrieben.**

3. Einfügeprobe
Du musst probieren, ob zwischen dem dazugekommenen Wort und dem Verb noch andere Wörter eingefügt werden können oder nicht.

~~*Robert will noch da* ***eine Stunde*** *bleiben.*~~

Ist das Einfügen anderer Wörter **nicht möglich**, dann wird **zusammengeschrieben.**

Maria soll da, ***wo sie jetzt steht,*** *bleiben.*

Ist das Einfügen anderer Wörter **möglich**, dann wird **getrennt geschrieben.**

Häufig vorkommende Wörter, die mit Verben sowohl getrennt als auch zusammengeschrieben werden können:

da, dabei, dagegen, dazwischen, vorher, weiter, wieder, zu, zusammen

Getrennt- und Zusammenschreibung von Verben und anderen Wörtern 2

1 In welchem Satz müssen jeweils das Wort und das Verb getrennt, in welchem zusammengeschrieben werden? Suche dir als Hilfe für deine Entscheidung eine der drei Proben von Seite 18 aus. Bist du dann noch unsicher, versuche es mit einer anderen Probe. Zu deiner Orientierung ist die Bedeutung des ersten Wortes in Klammern angegeben.

1) **zusammen** (gemeinsam) + **schreiben**

a) Im Deutschen werden viele Wörter ______________________________ .

b) Peter fragt Lisa, ob sie den Artikel für die Schülerzeitung nicht

______________________________ könnten.

2) **wieder** (erneut, noch einmal) + **bekommen**

a) Die Chance, die Schulmeisterschaft zu gewinnen, werden wir so schnell nicht

______________________________ .

b) Kann ich endlich mein Matheheft ______________________________ ?

3) **dagegen** (gegen einen Gegenstand) + **setzen**

a) Damit die Platte nicht umfällt, sollten wir einen Pfosten ______________________________ .

b) In diesem Spiel hatte unsere Mannschaft wirklich nichts ______________________________ .

4) **dabei** (bei etwas) + **sitzen**

a) Du musst beim Kartoffelschälen nicht stehen, du kannst ruhig ______________________________ .

b) Wenn meine Eltern Besuch haben, darf immer nur mein älterer Bruder

______________________________ .

5) **dazwischen** (zwischen zwei Dinge) + **gehen**

a) Um die Streithähne zu trennen, musste Dani energisch ______________________________ .

b) Du hast recht: Nicht einmal eine Briefmarke wird ______________________________ .

6) **weiter** (Ausdehnung) + **kommen**

a) Gestern haben wir bei der Wanderung nicht viel geschafft, heute müssen wir ein Stück

______________________________ .

b) Er will in seinem Beruf ständig ______________________________ .

Getrennt oder zusammen und groß? 1

Folgende Fügungen werden getrennt geschrieben:

Nomen + Verb	**Fügungen mit *sein***	**Verb + Verb**	**Adjektiv + Verb**
Rad fahren	zusammen sein	lesen üben	gerade sitzen
Eis essen	heraus sein	laufen lernen	cool bleiben
Platz machen	hier sein	spazieren gehen	ernst nehmen
Wert legen	da sein	stehen bleiben	aufrecht gehen
Probe fahren	beisammen sein	stehen lassen	gesund bleiben
Angst machen	los sein	schätzen lernen	falsch spielen
Bange machen	weg sein	verloren gehen	auswendig lernen
Rat suchen	vorüber sein	arbeiten kommen	getrennt leben
Not leiden	fertig sein	kennen lernen	heimlich tun
Sport treiben	zufrieden sein	gefangen nehmen	leer stehen

Wenn man diese Fügungen aber **als Nomen** gebraucht, werden sie **zusammen-** und **großgeschrieben.** Dass sie zu Nomen geworden sind, erkennst du an den bekannten **Signalwörtern** Artikel, Pronomen, Präposition, Präposition mit verstecktem Artikel, Adjektiv:
das Radfahren, unser Zusammensein, beim Lesenüben, langes Geradesitzen.

1 Füge die unterstrichenen Fügungen im ersten Satz in die Lücke des zweiten Satzes ein. Sie werden dabei immer als Nomen gebraucht.

1) Peter musste mir ständig Angst machen.

Unter diesem ______________________ habe ich sehr gelitten.

2) Lange Zeit hat die Bevölkerung Not leiden müssen.

Das ______________________ hat jetzt ein Ende.

3) Dieses Gedicht wollte Felix von sich aus auswendig lernen.

Das ______________________ von Gedichten macht ihm großen Spaß.

4) Ich wollte mit ihr schon immer mal allein spazieren gehen.

Ich werde ihr beim ______________________ sagen, dass ich sie gern habe.

5) Wir freuen uns darauf, dass wir bald alle zusammen sein werden.

Wir werden das ______________________ genießen.

6) Ich wollte mir schnell eine Cola holen und in dieser Zeit meinen Koffer auf den Bahnsteig stehen lassen. Aber Robert sagte mir, dass das ______________________ eines Koffers eine Menge Ärger machen kann.

Getrennt oder zusammen und groß? 2

1 Schreibe die Wörter, die im Text in Großbuchstaben gedruckt sind, richtig in die Lücken. Sie können entweder getrennt oder zusammen- und großgeschrieben werden.

Wenn einer Sitten und Bräuche eines anderen Volkes KENNEN/LERNEN ______________________ will, so muss er in Sachsen gar nicht weit fahren. Dort – in der Nieder- und Oberlausitz – leben etwa 60 000 Sorben. Und die bemühen sich um das WACH/HALTEN ______________________ ihrer schon jahrhundertealten Traditionen. Die Sorben sind ja in Deutschland die einzige Nationalität mit einer eigenen Sprache. Du wirst vielleicht ERSTAUNT/SEIN ______________________ : Noch Anfang des 18. Jahrhunderts sprach man in Leipzig teilweise Sorbisch!

Ein beliebter sorbischer Brauch ist das OSTERWASSER/HOLEN ______________________ . In der Osternacht müssen die Mädchen des Ortes vom Brunnen WASSER/HOLEN ______________________ ; dabei darf kein Wort gesprochen werden. Das völlige STILL/SEIN ______________________ ist notwendig, um dem Osterwasser die Heilkraft zu erhalten. Beim anschließenden morgendlichen ZUSAMMEN/SEIN ______________________ wäscht oder besprengt man sich ausgiebig mit dem Wasser. Wer will schon im kommenden Jahr nicht GESUND/BLEIBEN ______________________ ? Die wohl meisten Gäste kommen ins Sorbische vor dem Osterfest, um den Frauen und Männern beim OSTEREIER/BEMALEN ______________________ zuzusehen. Diese kleinen Kunstwerke werden dann verschenkt bzw. verkauft. Beim OSTEREIER/VERZIEREN ______________________ werden verschiedene Techniken angewendet, z. B. die Wachs- oder Kratztechnik. Bei der Kratztechnik etwa wird nach dem FARBE/AUFTRAGEN ______________________ mit einem kleinen Messer das gewünschte Muster herausgekratzt. Ganz besonderen WERT/LEGEN ______________________ die Künstler darauf, dass kein Ei dem anderen gleicht, alle unterscheiden sich irgendwie in ihrer Farbe und in ihrem Muster.

Fügungen mit Adjektiven und Verben – getrennt oder zusammen? 1

*Carolin hat während ihres Kurzvortrages **frei gesprochen**.*

Wenn das Adjektiv und das Verb ihre **eigene Bedeutung** behalten, werden sie **getrennt geschrieben**.

frei sprechen (= ohne Manuskript sprechen)

*Aus Mangel an Beweisen wurde der Angeklagte **freigesprochen**.*

Wenn das Adjektiv und das Verb **zusammen** eine **neue Bedeutung** haben, werden sie **zusammengeschrieben**.

freisprechen (= für nicht schuldig erklären)

1 Sieh dir die Bedeutungsangaben zu den einzelnen Fügungen genau an. Welche von den jeweils beiden verlangt die Getrennt-, welche die Zusammenschreibung der beiden Wörter? Kreuze die entsprechende Spalte an.

Adjektiv + Verb	**Bedeutung**	**getrennt**	**zusammen**
gut + schreiben	a) z. B. Texte spannend schreiben	☐	☐
	b) Summe als Guthaben auf das Konto	☐	☐
übrig + haben	a) eine Person, eine Sache mögen	☐	☐
	b) z. B. von dem Kuchen ist noch ein Rest vorhanden	☐	☐
näher + kommen	a) zu jemandem in eine engere Beziehung treten	☐	☐
	b) z. B. die Zeit bis zu einem Termin wird kürzer	☐	☐
offen + bleiben	a) z. B. eine Frage ist noch nicht geklärt	☐	☐
	b) z. B. eine Tür nicht schließen	☐	☐
schief + gehen	a) nicht gerade gehen	☐	☐
	b) eine Sache misslingt	☐	☐
locker + lassen	a) in einer Sache nachgeben	☐	☐
	b) z. B. die Zügel nicht so straff halten	☐	☐
schlecht + reden	a) nicht gut reden	☐	☐
	b) etwas mit seinen Äußerungen negativ bewerten	☐	☐
gerade + stehen	a) für etwas Verantwortung übernehmen	☐	☐
	b) nicht krumm stehen	☐	☐

Fügungen mit Adjektiven und Verben – getrennt oder zusammen? 2

1 Schreibe die Fügungen aus Adjektiv und Verb mit den Fragezeichen je nach ihrer Bedeutung getrennt oder zusammen auf.

1) Alle wissen, dass man nicht schwarz ? arbeiten darf.

___

2) Du musst das Brett ganz gerade ? halten.

___

3) Der Arzt hat ihn schon nach zwei Tagen wieder gesund ? geschrieben.

___

4) Mit deiner Vermutung wirst du bestimmt richtig ? liegen.

___

5) Richard hat in der Geschichtsarbeit mehr als zehn Seiten voll ? geschrieben.

___

6) Uta ist gestern auf dem vereisten Fußweg schwer ? gestürzt.

___

7) Die Regierung hat den Zwischenfall an der Grenze sehr ernst ? genommen.

___

8) Maria sollte im Training wirklich etwas kürzer ? treten.

___

9) Du solltest die Sache wirklich nicht so schwer ? nehmen.

___

10) Konstanze ist es in den letzten Tagen sehr schlecht ? gegangen.

___

11) Robert ist einer, der alles sofort offen ? ausspricht.

___

Wenn Verben und Adjektive zu Nomen werden 1

Verben und Adjektive werden großgeschrieben, wenn sie als Nomen verwendet werden. Wer sich ein paar Erkennungszeichen einprägt, wird die nominalisierten Verben und Adjektive leicht ausfindig machen.

Vor **nominalisierten Verben** steht häufig ein Artikel *(der, die, das, ein, eine ...)*, eine Präposition *(beim, zum, vom, im ...)* oder ein Possessivpronomen *(mein, dein, sein ...)*. Außerdem werden Verben als Nomen in der Infinitivform verwendet: *das Lach**en** (lachen), beim Stolper**n** (stolpern), euer Tröde**ln** (trödeln).*

Vor **nominalisierten Adjektiven** steht ebenfalls häufig ein Artikel oder ein unbestimmtes Pronomen *(alles, etwas, viel, wenig, nichts ...)*. Bei Adjektiven musst du darauf achten, dass sie als Nomen eine Endung erhalten: *Es war alles **neu** für sie. Sie mussten alles **Neue** teuer bezahlen.*

1 In dem Text sind sieben nominalisierte Verben und vier nominalisierte Adjektive verborgen. Trage sie mit dem hinweisenden Wort in die richtige Spalte der Tabelle unten ein.

Ein eindrucksvolles Bauwerk

Gleichgültig von welcher Himmelsrichtung aus man sich der Stadt Frankfurt am Main nähert, ein Gebäude sticht dem Besucher beim Betrachten der Skyline der Stadt sofort ins Auge. Es handelt sich um das mit 300 Metern und einem Zentimeter höchste Bauwerk Europas, die Zentrale der Commerzbank. Dieses Gebäude ist in vielerlei Hinsicht etwas Besonderes und Einmaliges. So befinden sich z. B. in einer Höhe von 160 Metern neun Gärten, die sich um das dreieckige Gebäude verteilen. Das Transportieren der zum Teil einige Tonnen schweren Bäume bis zu dieser luftigen Höhe musste ein Kran übernehmen. In ihren Gärten haben die Bäume nun über vier Stockwerke Platz zum Wachsen. Für die 2 400 im Gebäude beschäftigten Mitarbeiter ist es längst nichts Außergewöhnliches mehr, dass an ihrer Arbeitsstelle hinter Glas die verschiedensten Pflanzen und Bäume gedeihen.
Beim Planen des Hochhauses hat man sich einiges zum Senken von Folgekosten einfallen lassen. Dabei ist das Neue nicht unbedingt sofort sichtbar. Durch das Überziehen der Fassade mit einer Glasschicht, durch eine wetterabhängige Belüftung und das Wiederverwenden von Brauchwasser für die Toilettenspülung und weitere Energiesparmaßnahmen sollen die jährlichen Betriebskosten um 200 000 € gesenkt werden.

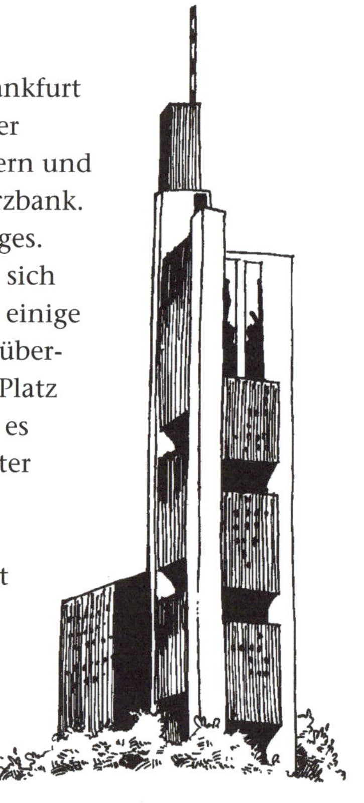

Präposition und Verb	Artikel und Verb/Adjektiv	unbestimmtes Pronomen und Adjektiv

Wenn Verben und Adjektive zu Nomen werden 2

Sicherlich kennst du das auch: Da lernt man Rechtschreibregeln und dann bringt man sie völlig durcheinander. Damit das nicht bei der Groß- und Kleinschreibung passiert, hier noch einmal ein wichtiges Unterscheidungsmerkmal:

Präpositionen wie *beim, zum, vom, im* weisen **vor einem Verb** darauf hin, dass es **großgeschrieben** werden muss: *beim Lesen, vom Reden, im Rechnen.*

Unbestimmte Pronomen wie *viel, etwas, wenig, nichts* machen dich **vor einem Adjektiv** darauf aufmerksam, dass dieses Adjektiv zu einem Nomen geworden ist:
nichts Gutes, alles Schlechte, etwas Besonderes.

1 Streiche die deiner Meinung nach falsche Schreibmöglichkeit durch.
Achte dabei genau auf die hinweisenden Wortarten.
Ein Beispiel hat übrigens kein sichtbares Erkennungszeichen.

1 Heute gab es nichts vernünftiges/Vernünftiges zu essen.
2 Das singen/Singen des Bandleaders fand sie etwas nervig/Nervig.
3 Hau ab, du hast hier nichts verloren/Verloren!
4 Das neue/Neue grün/Grün der Herbstmode mag ich überhaupt nicht leiden.
5 Ich glaube, hier ist etwas faul/Faul.
6 Vom langen sitzen/Sitzen waren ihnen die Füße eingeschlafen.
7 Beim zappen/Zappen durch alle Programme hatte er nichts interessantes/Interessantes gefunden.
8 Aus dem Vergaser des Mofas floss beim starten/Starten des Motors Öl.
9 Sie fanden, dass die Tänzer in der Disko schon ein wenig alt/Alt für die Musik waren.
10 Das Festival war wenig aufregend/Aufregend, denn bei den Musiktiteln wurde kaum neues/Neues gespielt.

2 Schreibe die nominalisierten Verben und Adjektive geordnet mit ihren Erkennungszeichen auf.

Nominalisierte Verben:

Nominalisierte Adjektive:

Großschreibung von Redewendungen

Auf dieser Seite geht es im Wesentlichen um ganz bestimmte Nomen.
Du kennst sie im Allgemeinen aus anderen Zusammenhängen, denn Wörter wie *wesentlich, allgemein, voraus* und *kurz* werden natürlich kleingeschrieben.
Doch in der Verbindung mit der Präposition *im* oder mit Artikeln werden sie zu Nomen.
Damit du dich später bei einem Diktat im Nachhinein nicht ärgerst, kannst du im Folgenden schon im Voraus einige gebräuchliche Redewendungen üben.
Dann bist du in der Rechtschreibung auf dem Laufenden und wirst nicht den Kürzeren ziehen. Das Beste und Einfachste ist, du betrachtest diesen Text jetzt nicht mehr im Ganzen, sondern untersuchst die Sätze im Einzelnen und versuchst, alle nominalisierten Wörter zu finden.

1 Unterstreiche im Text oben alle Beispiele für nominalisierte Wörter und schreibe sie zusammen mit ihren Begleitwörtern heraus.

im Wesentlichen, ______________________________

____

____

____

2 Setze die Wörter sinnvoll in die Lücken der Beispielsätze ein.

1 Es geht hier ______________________ um Beispielsätze zur Groß- und Kleinschreibung.

2 Die Party war ______________________________ für alle ein großer Erfolg.

3 Die Club-Mitglieder beschlossen, die Vereinsfeier ____________________ vorzubereiten.

4 Bei ihren Ermittlungen tappt die Polizei häufig völlig __________________ .

5 Ina dachte nicht ____________________ daran, sich für ihr Verhalten zu entschuldigen.

6 Die Freunde versuchten es ________________ , aber sie konnten Marc nicht überzeugen.

Die Schreibung von Eigennamen

*Siehst du den **großen Wagen,***
der dort an der Ecke steht?

Hier ist von **irgendeinem** großen Wagen die Rede. Das Adjektiv *groß* wird wie in anderen Fügungen *(das große Haus, die großen Schuhe)* **kleingeschrieben.**

Heute Abend ist es sternenklar,
*siehst du dort den **Großen Wagen**?*

Hier ist von einem Sternbild die Rede, das es nur **einmal** gibt und deshalb einen **eigenen Namen** hat. Das Adjektiv *groß* gehört also zum Namen *Großer Wagen* und wird **großgeschrieben.**

Eigennamen bezeichnen ganz bestimmte Personen, Länder, Orte, Flüsse, Gebirge, Pflanzen, Naturerscheinungen und historische Ereignisse. Wenn ein Adjektiv Bestandteil eines Eigennamens ist, dann wird es immer großgeschrieben:
der Atlantische Ozean, die Hohe Tatra, der Warzige Krähenfuß, der Kleine Bär.

1 Eines der beiden Nomen stellt zusammen mit dem Adjektiv einen Eigennamen dar. Schreibe ihn jeweils mit dem Artikel auf.

blau: Planet; Kleid ______________________________

neu: Testament; Rock ______________________________

heilig: Mensch; Abend ______________________________

fleißig: Lieschen; Schüler ______________________________

indisch: Ozean; Bevölkerung ______________________________

2 Überprüfe, ob die in Großbuchstaben geschriebenen Adjektive Teile von Eigennamen sind oder nicht. Schreibe die Adjektive entsprechend groß oder klein in die Lücke.

In der Botanik gibt es schon UNGEWÖHNLICHE ________________ Namen. Hast du schon mal etwas von dem GEWÖHNLICHEN ________________ Froschlöffel oder dem NIEDERLIEGENDEN ________________ Krähenfuß gehört? Dessen Früchte haben eine WARZIGE ____________ Oberfläche. Darum wird diese Pflanze auch WARZIGER ____________ Krähenfuß genannt. Es ist keine GROßE ____________ Überraschung, wenn man in Wäldern und auf Wiesen die GROßE ____________ Sternmiere entdeckt. Sie kann bis zu 60 cm in die Höhe wachsen. Geht man vor allem in Fichtengehölzen Pilze suchen, dann stößt man häufig auf VIOLETTE ____________ Pilze. So heißt diese Pilzart auch VIOLETTER ____________ Rötelritterling.

Das Komma vor *und* und vor *oder*

Werden gleichrangige Wörter, Wortgruppen oder ganze Sätze mit **und** oder **oder** verbunden, so setzt man in der Regel kein Komma: *Sie tanzte und lachte. Sie machte Witze und freute sich. Sie schaute ihn an oder sie lachte ihm sogar zu.*
Ein Komma sollte zwischen Hauptsätzen jedoch eingefügt werden, wenn man die Gliederung des Satzes deutlich machen und Missverständnisse verhindern will: *Der Mann verzehrte den ganzen Braten(,) und seine Frau sah ihm lächelnd zu.*
Wird ein Hauptsatz nach einem Nebensatz mit **und** fortgeführt, so steht aber ein Komma: *Ich hoffe, dass es dir gut geht, und grüße dich herzlich.*

1 Entscheide, ob du vor **und/oder** ein Komma setzen solltest. Du könntest es in diesen Sätzen immer tun. In einigen Fällen aber solltest du es auf jeden Fall setzen. Versuche das zu begründen.

Liebeskummer
Marvin ist down. Er sitzt in der Klasse und er kaut an finsteren Gedanken herum.
Sandra geht jetzt mit ihrem neuen Freund Timm und mit Marvin
ist es aus. Sie ist total happy und sie fühlt sich wie neugeboren.
Er sieht trübsinnig in sein Buch und in Sandras Augen
am Nachbartisch blitzt kalte Ablehnung. Manchmal könnte er sich
mit Timm so richtig prügeln oder mit Sandra
möchte er am liebsten irgendwohin fahren. Ganz weit weg! Aber das lässt
sich natürlich nicht machen mit den beiden und mit ihm
sieht es auch nicht gerade gut aus. Besser ist, man fasst neuen Mut und
man sieht sich nach einem anderen Mädchen um! Da gibt es ja noch
die schöne Lisa am Tisch vor ihm oder im nächsten Dorf
gibt es Lara. Zumindest Lisa ist doch sowieso scharf auf ihn und die Sandra
kann sie nicht ausstehen. Mit solchen Gedanken liest er
in seinem aufgeschlagenen Buch und in seinem Bauch
grummelt es. Mache ich mich an Lisa heran und an Sandra
verschwende ich keinen Gedanken mehr? Er ist sich unsicher und er kann sich nicht
recht entscheiden. Er blickt mit trüben Augen in die Klasse
und da sieht er auf einmal direkt in die Augen von Lisa.
Die sieht wohl sein Unglück oder ihre Chance
sieht sie gekommen. Jedenfalls lacht sie ihn plötzlich an und sie nickt ihm zu.
Marvin wird nach der Schule einmal mit ihr reden und mit Sandra
ist die Sache gegessen! Oder doch nicht so ganz?

Verbindungen von Hauptsätzen

Hauptsätze können **unverbunden** nebeneinanderstehen:
Das Feuer griff um sich, die Scheune brannte nieder, niemand wurde verletzt.
Hauptsätze können aber auch durch Konjunktionen miteinander **verbunden** werden:
Das Feuer griff um sich (,) und die Scheune brannte nieder, aber niemand wurde verletzt.
Konjunktionen, mit denen man Hauptsätze verbindet sind:
1. *und, oder, entweder … oder, beziehungsweise (bzw.):* Vor diesen Konjunktionen muss kein Komma stehen, – aber es kann.
2. *aber, denn, deswegen, trotzdem:* Vor diesen Konjunktionen muss immer ein Komma stehen.

1 Kombiniere die folgenden Sätze sinnvoll mit den oben stehenden Verbindungswörtern. Achte auf die Kommas.

1 Das Feuer breitet sich immer mehr aus. Auffrischender Wind sorgte für neue Brandherde.

2 Die Klassenarbeit war ein großer Reinfall gewesen. Er ließ den Kopf nicht hängen.

3 Eva hatte einen Verkehrsunfall. Sie will ihr Praktikum während der Ferien nachholen.

2 Überprüfe im folgenden Text dein Wissen. Du musst mindestens drei Kommas setzen.

Die Tennis-Weltmeisterschaft in Hannover war ein großer Erfolg denn Tausende von Besuchern waren zum Messegelände gekommen.
An mehreren Tagen waren die besten Tennisspieler der Rangliste in Aktion zu bewundern und sie zeigten in zahlreichen Spielen Tennis vom Feinsten. Das Fernsehen übertrug alle Spiele live der Rundfunk sendete ständig Zwischenberichte über Spielergebnisse.
Unter den Zuschauern befand sich viel Prominenz. So konnte man bekannte Sportler und Schauspieler entdecken aber auch mancher Politiker war zu sehen.

Vorausgestellte und nachgestellte Nebensätze

Weil *ich von der Zeichensetzung Null Ahnung <u>hatte</u> , ging die letzte Arbeit voll daneben.*

Nebensatz — Hauptsatz

*Die letzte Arbeit ging voll daneben , **weil** ich von der Zeichensetzung Null Ahnung <u>hatte</u>.*

Hauptsatz — Nebensatz

Ein **Nebensatz** wird von einem Hauptsatz durch **Komma** abgetrennt.
Ein Nebensatz reicht von einer **Konjunktion am Anfang** bis zum **Prädikat am Ende.**
Die am häufigsten vorkommenden Nebensatz-Konjunktionen sind:
als, weil, da, wenn, solange, ob, obwohl, nachdem, bevor, dass, sodass, ...

1 Setze in den folgenden Text die Kommas ein. Verfahre dabei so:
- Suche zuerst die Nebensatzkonjunktionen und markiere sie.
- Ermittle dann, wie weit der Nebensatz geht. Unterstreiche das Prädikat am Ende.
- Setze dann das Komma zwischen Haupt- und Nebensatz.

Fleischfressende Pflanzen

Wenn sich das Insekt der verlockenden Pflanze nähert erkennt es die tödliche Gefahr nicht. Solange sich das Tier nicht auf die bewimperten Blätter setzt kann ihm auch nichts passieren. Wenn es sich jedoch auf ihnen niederlässt schnappt die Falle zu und seine letzten Sekunden sind angebrochen. Weil der Nektar der rötlich schimmernden Wimpern eine haftende Wirkung besitzt kann das Insekt seinen Rüssel nicht mehr befreien. In kürzester Zeit ist es gefesselt und erstickt obwohl es sich um ein Entkommen bemüht. Nachdem sich die Blattränder ähnlich wie zu einer geöffneten Hand gewölbt haben zersetzt der von den Wimpern ausgeschiedene klebrige Saft das Tier.
Der hier beschriebene fleischfressende Sonnentau benötigt für sein eigenes Überleben diese Kost weil der Boden seines Standortes dringend benötigte Nährstoffe nicht bietet. Da der Sonnentau auf den nährstoffarmen Böden des Hochmoores wächst kann er jedoch auch nicht von höheren Pflanzen überwachsen und erdrückt werden. Das Überleben in dieser ökologischen Nische gelingt allerdings nur wenn sich die Pflanze die fehlenden Nährstoffe statt aus dem Boden aus der „Luft" holt.

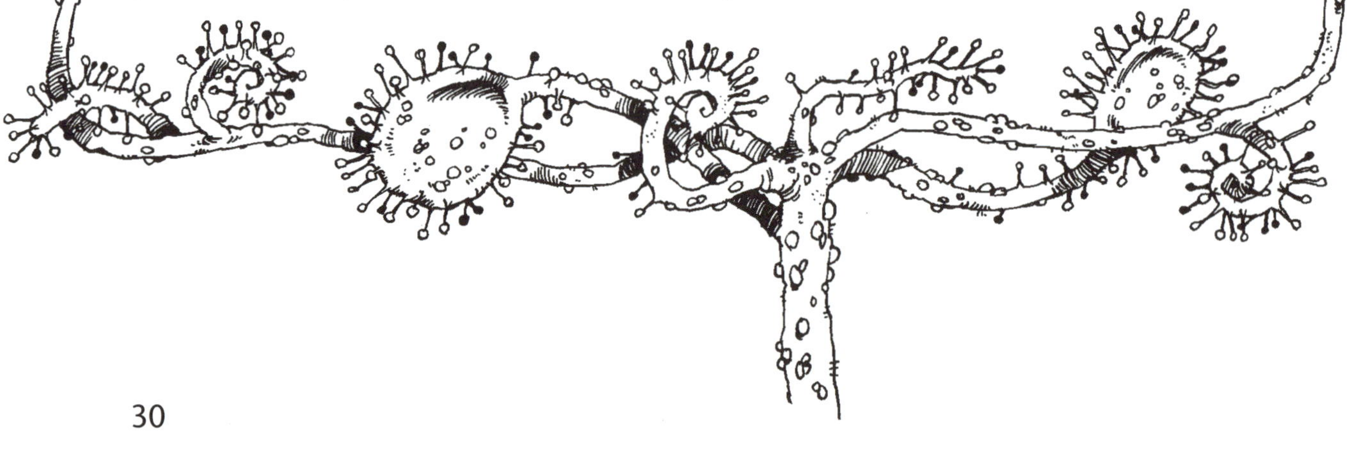

Eingeschobene Nebensätze

Ein **Nebensatz** kann in einen Hauptsatz **eingeschoben** sein.
Dann steht vor ihm der Anfang des Hauptsatzes und nach ihm das Ende des Hauptsatzes:

Ich bekomme jedes Mal , ***wenn** ich im Schwimmbad war* , *gerötete Augen.*

Hauptsatzanfang — Nebensatz — Hauptsatzende

Relativsätze mit den Relativpronomen *der, die, das* sind Nebensätze, die entweder Hauptsätzen **nachgestellt** oder in sie **eingeschoben** sind:

Meine Augen werden wahrscheinlich vom Chlor , ***das** im Bad ist* , *gereizt.*

Hauptsatzanfang — Relativsatz — Hauptsatzende

1 Ermittle die Nebensätze und setze in den folgenden Beispielen die Kommas ein.

1) Torsten hat sich nachdem er sein Taschengeld bekommen hat sofort eine neue CD gekauft.
2) Fast jedes Jahr stranden Wale die hier nicht zu Hause sind an den Küsten der Nordsee.
3) Die Einbrecher verließen in dem Augenblick als die Polizei mit dem Einsatzwagen vorfuhr durch den Hintereingang das Gebäude.
4) Die Gletscher der Alpen beginnen weil der Temperaturen zunehmen allmählich abzuschmelzen.

2 Setze in den drei Beispielsätzen die fehlenden Kommas zwischen Haupt- und Nebensatz. Stelle die Sätze anschließend so um, dass der Nebensatz eingeschoben wird. Beachte, dass du jetzt zwei Kommas setzen musst.

1) Die Zwischenläufe sollen nachmittags durchgeführt werden nachdem die Vorläufe bereits am Vormittag stattgefunden hatten.

2) Im Januar 2007 gab es Temperaturen von über 17°C weil ständig warme Luftmassen nach Europa strömten.

3) Viele Patienten nehmen aus Furcht nicht die verschriebenen Arzneimittel ein weil auf den Beipackzetteln auf alle möglichen Nebenwirkungen hingewiesen wird.

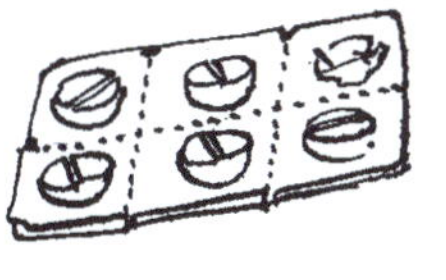

Satzgefüge: Hauptsätze und mehrere Nebensätze

Ein **Satzgefüge** besteht oft aus einem Hauptsatz und **mehreren Nebensätzen** – auch Relativsätzen:

Weil *das Pferd vor dem Wasser* <u>*scheute*</u> , ***das*** *von der Sonne* <u>*beleuchtet wurde*</u> ,

└──── Nebensatz ────┘ └──── Relativsatz ────┘

┌──── Hauptsatz ────┐

wurde die Reiterin abgeworfen.

Einzelne **Nebensätze** werden durch **Kommas** voneinander getrennt.
Man setzt in der Regel kein Komma, wenn die Nebensätze durch **und** oder **oder** verbunden sind:
Die Reiterin verletzte sich, ***weil*** *sie unter das Pferd* <u>*geriet*</u> ***und weil*** *sie von einem Huf* <u>*getroffen wurde*</u>.

1 Die folgenden Sätze enthalten in der Regel mehrere Kommas. Du kannst sie am ehesten richtig setzen, wenn du die Nebensätze erkennst.

1 Wir können davon ausgehen, dass jeder ab und zu <u>lügt,</u> der seine Sprache <u>beherrscht</u>.
2 Viele Lügen sind ja auch tatsächlich keine reinen Bosheiten die man anderen antut weil man ihnen einen Schaden zufügen will.
3 Die meisten Lügen die wir im Alltag begehen und die man eher kleine Schwindeleien nennen könnte sind sicher nicht wirklich böse gemeint.
4 Richtig böse wird eine Lüge aber dann wenn wir uns damit einen Vorteil verschaffen wollen oder gar anderen damit einen Schaden zufügen.
5 Für den Lügner der dabei ertappt worden ist kann das richtig peinlich werden weil man ihm dann nicht mehr glaubt.
6 Solche Lügen haben oft wenn man sie häufiger anwendet einen Verlust des Vertrauens zur Folge das der andere in einen gesetzt hat.
7 Dann bewahrheitet sich das Sprichwort: Wer einmal lügt dem glaubt man nicht wenn er auch gleich die Wahrheit spricht.
8 Nun gibt es aber auch Lügen die man sagt weil man einen anderen vor der Wahrheit schützen möchte weil diese vielleicht schlimme Folgen für einen haben könnte.
9 Solche Lügen die man aus Not sagt weil man vielleicht einen anderen sogar vor einer schlimmen Wahrheit schützen möchte werden „Notlügen" genannt.
10 Jeder muss wissen dass er für seine Worte selbst verantwortlich ist ob sie nun Lügen oder Notlügen sind dass er in manchen Fällen sogar dafür verantwortlich gemacht werden kann.
11 Am verlässlichsten sind ganz gewiss Menschen die darauf achten dass sie andere nicht durch Lügen hinters Licht führen was ja nicht heißt dass man die Wahrheit immer aus dem Sack lassen muss.

Nebensätze mit *das* und *dass* 1

Ob ein Nebensatz als das-Satz oder als dass-Satz gemeint ist, hängt von dem vorausgehenden Hauptsatz ab. Das **Relativpronomen *das,*** das oft ersetzt werden kann durch *dies, dieses* oder *welches,* bezieht sich meistens auf ein **vorausgehendes Nomen:**

*Dies ist ein **Buch**, **das** (welches) ich nicht lesen kann.*

Die **Konjunktion *dass*** bezieht sich dagegen meistens auf ein **vorausgehendes Verb:**

*Zum Glück **weiß** niemand, **dass** ich nicht lesen kann.*

1 Suche zuerst nach einem sächlichen Nomen im Hauptsatz und unterstreiche es. Findest du eines, dann setze in den Nebensatz **das** ein.

2 Die anderen Sätze sind solche mit **dass**.
Suche nach dem Verb, auf das es sich bezieht, und unterstreiche es.

1 Dies ist das Wegstück, ________ ich täglich mit dem Rad fahre.

Ich freue mich darüber, ________ ich täglich mit dem Rad fahre.

2 Es ärgert mich, ________ ich immer laufen muss.

Dort ist das Sträßchen, ________ ich immer laufen muss.

3 Sie kommt zu spät zum Treffen, ________ sie völlig verschlafen hat.

Sie entschuldigt sich dafür, ________ sie völlig verschlafen hat.

4 Ich warte darauf, ________ ich morgen einkaufen werde.

Das ist das Kleid, ________ ich morgen kaufen werde.

5 Er fand sein Messer wieder, ________ er verloren hatte.

Er fühlte, ________ er verloren hatte.

6 Alle wissen genau, ________ ich sehr gern lese.

Es gibt ein Buch, ________ ich sehr gerne lese.

7 Sie holte ein Brötchen, ________ er mit gutem Appetit aß.

Sie schaffte es wieder, ________ er mit gutem Appetit aß.

8 Er konnte gar nicht glauben, ________ er sich auf den Tisch gelegt hatte.

Er fand das Tonband wieder, ________ er auf den Tisch gelegt hatte.

Nebensätze mit *das* und *dass* 2

1 Entscheide, ob in die Lücken **das** oder **dass** eingesetzt werden muss. Überprüfe dabei, ob sich der Nebensatz auf ein sächliches Nomen im Hauptsatz oder ob sich der Nebensatz auf das Verb im Nebensatz bezieht. Markiere das sächliche Nomen bzw. das Verb mit unterschiedlichen Farben.

Nicht viele wissen, ________ Los Angeles bereits zweimal Austragungsort von Olympischen Spielen war: 1932 und 1984. In dem Stadion, ________ vor 1932 von 75 000 auf 105 000 Plätze erweitert worden war, wurden auch 52 Jahre später die meisten Wettkämpfe bestritten. Niemand staunte 1984, ________ auch abends im Stadion um Medaillen gekämpft wurde. 1932 allerdings war das Flutlicht, ________ erstmals Abendveranstaltungen im Freien ermöglichte, geradezu eine Sensation. Ebenfalls zum ersten Mal gab es während dieser Spiele das heute übliche dreistufige Podest, ________ die drei Medaillengewinner zur Siegerehrung betreten durften. Und schließlich erinnert sich heute kaum jemand, ________ 1932 zum ersten Male Radioreporter weltweit von den olympischen Wettkämpfen berichteten. So haben Millionen Menschen erfahren, ________ ein Deutscher im Mittelgewicht der Gewichtheber Olympiasieger geworden ist. In einem Interview berichtete der Gewinner, ________ er sich so wie Old Shatterhand in Karl Mays Büchern durch Steinheben fit gemacht habe. Natürlich lebten auch die Spiele von 1932 vom Außergewöhnlichen, ________ die Zuschauer so lieben. Sie erlebten beim 400-Meter-Hürden-Lauf der Männer, ________ nicht dem Sieger, sondern dem Zweitplatzierten der neue Weltrekord zugesprochen wurde. Damals galt, ________ für Rekorde alle Hürden stehen bleiben mussten. Aber dem Olympiasieger passierte ausgerechnet an der letzten Hürde das Missgeschick, ________ ihn um den Weltrekord brachte: Er stieß die Hürde um. So konnte sich der Erste freuen, ________ er Olympiasieger geworden war, und der Zweite, ________ er Weltrekord gelaufen war! Das Programm von 1932, ________ nicht nur sportliche, sondern auch neun Kunstwettbewerbe in Baukunst, Literatur, Musik, Malerei, Grafik und Bildhauerei aufwies, zeigte, ________ Olympische Spiele schon damals zu den weltweit größten Ereignissen zählten.

Nebensätze mit *das* und *dass* 3

Die Entscheidung, ob der Nebensatz mit **das** oder **dass** eingeleitet wird, ist bei den beiden folgenden Sätzen nicht ganz einfach, weil sich beide Nebensätze auf das Nomen (*Urteil*) beziehen:

*Die meisten begrüßten das Urteil, **das** ihn für zwei Jahre ins Gefängnis bringt.*

*Die meisten begrüßten das Urteil, **dass** er für zwei Jahre ins Gefängnis muss.*

In diesem Fall kann dir die **Ersatzprobe** mit ***welches*** helfen:
Kann man das Wort *welches* **einsetzen**, dann muss ***das*** geschrieben werden:
*Die meisten begrüßten das Urteil, **welches (→ das)** ihn für zwei Jahre ins Gefängnis bringt.*
Kann man dieses Wort ***nicht einsetzen***, dann muss ***dass*** geschrieben werden:
*Die meisten begrüßten das Urteil, ~~**welches**~~ **(→ dass)** er für zwei Jahre ins Gefängnis muss.*

1 Entscheide mithilfe dieser Ersatzprobe, welche Nebensätze mit **das** und welche mit **dass** beginnen müssen.

1) a) Er log in einem Ausmaß, ________ jeder Beschreibung spottete.

b) Er log in einem Ausmaß, ________ es jeder Beschreibung spottete.

2) a) Ich kritisiere an deinem Verhalten, ________ du unehrlich bist.

b) Ich kritisiere dein Verhalten, ________ wirklich schrecklich ist.

3) a) Er sah ein Spiel, ________ nicht gerade fair ablief.

b) Er ist der Meinung, ________ das Spiel nicht fair war.

2 Auch wenn das Bezugswort im Hauptsatz kein sächliches Nomen ist, kann dir die Ersatzprobe helfen. Wenn du dann nicht *welcher* oder *welche* einsetzen kannst, musst du in die Lücke **dass** einsetzen. Achtung, dreimal musst du **das** einfügen.

a) Sie hörte gern sein Kompliment, ________ ihre Augen wunderschön seien. b) Mit aller Kraft verfolgte er sein Ziel, ________ ihn zur Meisterschaft nach Stuttgart bringen sollte. c) Er wollte das Mädchen näher kennen lernen, ________ ihm auf den ersten Blick gefallen hat. d) Wir waren alle der Meinung, ________ wir sein Verhalten nicht akzeptieren können. e) Gemeinsam fuhren wir zum Training, ________ zum ersten Mal in der neuen Sporthalle stattfand. f) Wir haben noch die Hoffnung, ________ das Konzert trotz des schlechten Wetters stattfinden wird.

Zeichen der wörtlichen Rede

1. *Mimi fragt Lollo: „Wo kommst du denn her?"*
2. *„Aus dem Schönheitssalon", sagt Lollo.*
3. *„Und bist du nicht drangekommen?", fragt Mimi.*
4. *„Das ist aber vielleicht", sagt Lollo, „ein beknackter Witz!"*

Die Regeln für die Zeichen bei wörtlicher Rede sind dir sicher bekannt:

1. Nach dem **einleitenden Begleitsatz** steht ein Doppelpunkt.
   Die wörtliche Rede selbst wird in Anführungsstriche gesetzt.
   Die Satzschlusszeichen stehen **innerhalb** der Anführungszeichen.
2. Wenn der **Begleitsatz nach der wörtlichen Rede** steht, musst du dir merken:
   Zwischen wörtlicher Rede und nachgestelltem Begleitsatz steht **immer** ein Komma.
   Der Punkt wird in diesem Fall in der wörtlichen Rede weggelassen,
   denn ein Punkt steht nur am Ende eines gesamten Satzes.
3. **Frage- und Ausrufezeichen** stehen auch am Ende der wörtlichen Rede
   damit man weiß, ob man das Gesagte als Ausruf oder als Frage betonen soll.
4. Wenn der **Begleitsatz** in die wörtliche Rede **eingeschoben** ist,
   steht er zwischen zwei Kommas.

1 Setze die Doppelpunkte, Anführungszeichen, Kommas, Punkte, Frage- und Ausrufezeichen in die Witze ein. Manchmal bleibt es dir überlassen, ob du ein Ausrufezeichen setzt oder nicht. In den ersten beiden Witzen ist die wörtliche Rede schräg gedruckt. In den letzten beiden aber nicht. Deswegen ist es hilfreich, wenn du in ihnen erst einmal die wörtliche Rede markierst oder unterstreichst und erst dann die Zeichen setzt.

Ein Radfahrer fährt mit einem laut scheppernden Schutzblech auf dem Radweg. Ein anderer fährt hinter ihm her und ruft *Hallo, dein Schutzblech scheppert* Aber der erste hört ihn nicht.
Der zweite fährt an ihm vorbei. *Hallooo, dein Schutzblech scheppert* brüllt er.
Kann nichts verstehen Mein Schutzblech scheppert so brüllt der erste zurück.

Niemals werde ich sagt die Tochter zur Mutter *einen Mann heiraten, der schnarcht Das habe ich früher auch gesagt* sagt die Mutter.
Na und fragt die Tochter.
Als ich es wusste antwortet die Mutter *war es zu spät*

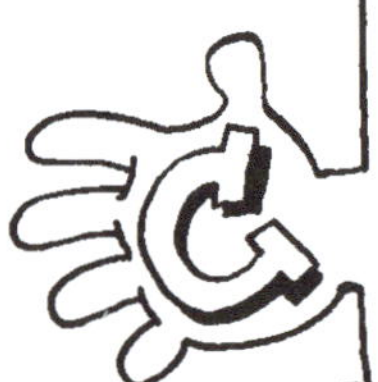

Sag mal fragt Müller kann man dem Schulze eigentlich trauen
Wie meinst du das fragt Meyer.
Na, ist er ehrlich fragt Müller.
Der? Du meine Güte antwortet Meyer dem würde ich nie die Hand geben, ohne nachher die Finger nachzuzählen.

Pitt zeigt auf eine Frau und fragt Pott Kannst du mir sagen, was sie dort sucht Ihr Portemonnaie sagt Pott.
Woher fragt Pitt willst du denn das wissen
Na sagt Pott ich hab es gefunden

Alltäglich, aber nicht einfach

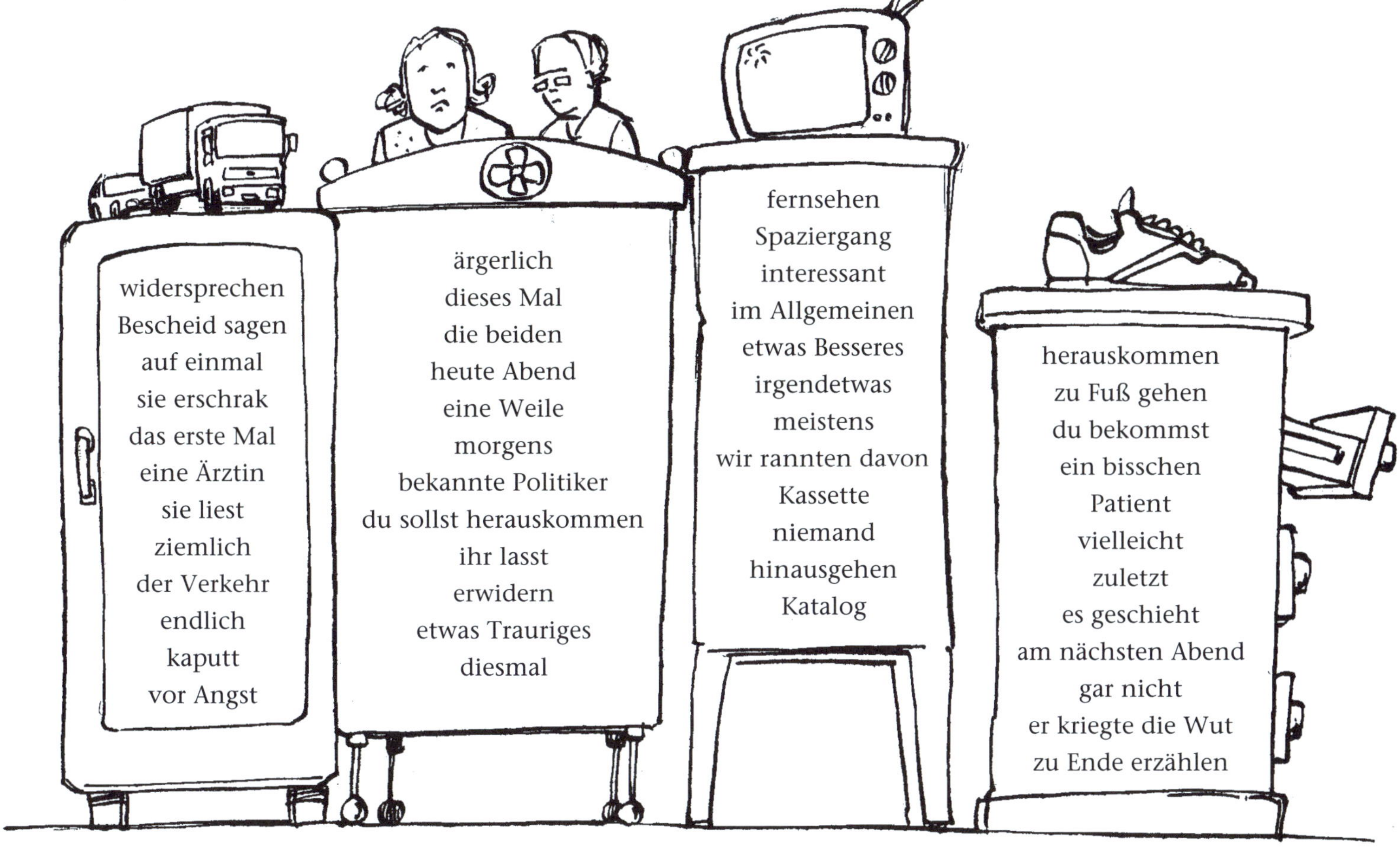

1 Hier findest du häufige Fehlerwörter. Vor dem Schreiben solltest du sie auf alle Fälle lesen. Manchmal ist schon das laute und langsame Lesen hilfreich. Du kannst
- sie auch abschreiben oder dir diktieren lassen.
- sie in einem Text verwenden oder Sätze mit ihnen bilden.
  Vielleicht versuchst du einmal, in möglichst wenigen Sätzen möglichst viele dieser Wörter unterzubringen.

Strategien anwenden 1

Strategien sind Verfahren, die man anwenden kann, um die Schreibung eines Wortes zu ermitteln:

a) **Strategie: Kurzform** eines Wortes bilden: Schreibt man *gräulich* oder *greulich?*
*gräulich/greulich? → **grau*** – also: ***gräulich.***

b) **Strategie: Langform** eines Wortes bilden: Schreibt man *Verließ* oder *Verlies?*
*Verlies/Verließ? → die **Verliese*** – also: ***Verlies.***

c) **Strategie: verwandte Wortform** suchen: Schreibt man *Fähre* oder *Fehre?*
*Fähre/Fehre? → **fahren** – also: **Fähre.***

d) **Strategie: Nachschlagen:** Ein Wort wie *Herpst/Härbst/Herbst* lässt sich weder durch Verkürzung noch durch Verlängerung ableiten. Hier bleibt nur das Nachschlagen in einem Wörterbuch übrig.

1 Die folgenden Wörter sind falsch geschrieben – bis auf ein einziges! Ermittle ihre Schreibung durch eine der vier Strategien: durch Verkürzung, Verlängerung, durch Finden einer verwandten Wortform oder durch Nachschlagen. Unterstreiche die Wörter, die du nur durch Nachschlagen herausbekommen hast!

seuerlich	die Kelber
es demmert	das Verkehrsschilt
der Lerm	etwas endern
engstlich	hesslich
das Gereusch	ändlich
teuschen	lecherlich
das Gelender	beteubt
das Geleute	die Bremse
es ist sehr milt	geschwint
der Schos	die Schult
der Katalok	der Leopart
der Zwerk	halp vier

Strategien anwenden 2

Kurzform bilden

1 Setze in die Lücken **äu** oder **eu** ein. Findest du eine Kurzform mit **au**, so schreibt man das Wort mit **äu.** Findest du keine, so solltest du im Wörterbuch nachschlagen!

übersch äu mend Schaum	zerst ___ ben ______
sch ___ ßlich ______	aufz ___ men ______
die S ___ le ______	ausr ___ chern ______
versch ___ chen ______	die Schl ___ se ______
ein Wiederk ___ er ______	das Gem ___ er ______
sich aufb ___ men ______	ausr ___ men ______
das K ___ zchen ______	das Geh ___ se ______

Langform bilden

2 Setze in die Lücken **d** oder **t** ein. Ermittle die Schreibung dadurch, dass du eine Langform bildest, in der du die Endkonsonanten deutlich hören kannst. Solltest du keine Langform finden, dann musst du im Wörterbuch nachschlagen!

das Gebiet Gebiete	der Bandi ___ ______
der Favori ___ ______	das Augenli ___ ______
ein guter Ra ___ ______	der Pfa ___ ______
das Plaka ___ ______	der Kamera ___ ______
vier Gra ___ Celsius ______	der Nei ___ ______
sei ___ acht Tagen ______	der Abschie ___ ______
der Satelli ___ ______	gemü ___ lich ______
der Übermu ___ ______	das ist absur ___ ______

Strategien anwenden 3

Die Buchstabengruppen **-ent-/-end-** am Anfang, in der Mitte oder am Ende von Wörtern sind extrem fehleranfällige Kombinationen. In folgenden Wörtern kommen sie vor:

- **éndlich**: **end-** ist ein **Wortstamm**, die Verkürzung von *Ende,* die Silbe ist stets **betont**.
- **entférnt**: **ent-** ist ein **Präfix** (Vorsilbe), die Silbe ist stets **unbetont.**

- ***spannend***: ***-end*** ist das **Suffix** (Nachsilbe) des Partizips I: *spannen – spannend.*

- ***korpulent***: ***-ent*** ist ein **Wortbaustein** bei vielen Fremdwort-Nomen und -Adjektiven.

Strategie: Wörter aussprechen und auf Betonung achten: *éndlich – entférnt*

1 Sprich die Wörter deutlich aus. Achte auf die Betonung. Setze einen Akzent über das betonte ***é***. Füge **d** oder **t** ein. Schreibe das Wort noch einmal auf:

en ___ los ______ en ___ lassen ______ En ___ spiel ______

en ___ lang ______ en ___ gültig ______ en ___ laufen ______

Strategie: Wort verlängern: *spannend – spannende, korpulent – korpulente*

2 Das **d** oder **t** am Ende eines Wortes kann man hier hörbar machen, wenn man eine verlängerte Wortform bildet. Verlängere die Wörter. Achte auf **d** oder **t**. Setze den fehlenden Buchstaben ein. Schreibe eine verlängerte Form auf.

leiden ___: ______ aufregen ___: ______

Abonnen ___: ______ permanen ___: ______

glühen ___: ______ Patien ___: ______

spielen ___: ______ Talen ___: ______

Elemen ___: ______ lieben ___: ______

lärmen ___: ______ turbulen ___: ______

Prozen ___: ______ Momen ___: ______

verletzen ___: ______ tausen ___: ______

Strategien anwenden 4

1 In dem folgenden Text kommen Wörter vor, in denen das Problem **-ent-/-end-** enthalten ist. Sicher wirst du viele der Wörter kennen und richtig schreiben können. Dann ergänzt du sie einfach. Wenn du unsicher bist, wende eine der auf der vorigen Seite vorgestellten Strategien an. Manche Wörter musst du aber durch die Strategie „Nachschlagen“ überprüfen. Unterstreiche die Wörter, die du nur durch Nachschlagen ermitteln konntest.

Die ratlose Mutter

1) Sie bat ihren Sohn flehen___lich, doch Ordnung in sein Zimmer zu bringen.

2) Er sollte wenigstens wöchen___lich einmal sein Zimmer aufräumen!

3) Doch es dauerte immer en___los lange, bis er sich en___lich einmal dazu bereitfand.

4) Eigen___lich war er sonst ganz paten___.

5) Doch was die Ordnung betraf, half kein Argumen___, da blieb er reniten___.

6) Er ließ laufen___ seine Sachen herumliegen.

7) Er warf sogar schon einmal versehen___lich etwas Wichtiges weg.

8) Und permanen___ suchte er es dann irgen___wo.

9) Man müsste ihm beibringen, konsequen___ zu sein.

10) Es war en___setzlich mit ihm!

11) Er war immer so unen___schieden!

12) En___weder war er zu faul zum Aufräumen, oder er war von Natur aus unorden___lich.

13) Von ihr konnte er das nicht geerbt haben, denn sie hatte geradezu ein Talen___ für Ordnung.

14) Namen___lich gegen Schmutz war sie empfindlich.

15) Das war bei ihm nicht im en___ferntesten so.

16) Er war geradezu ein Produzen___ von Schmutz, den er willen___lich produzierte.

17) Darunter leiden___ hatte sie ihn jedenfalls noch nie erlebt.

18) Hoffen___lich würde sich das einmal ändern!

Zum Üben 1

1 In diesem Text sind bis auf die Satzanfänge alle Wörter kleingeschrieben.
Versuche einmal, diesen Text fehlerfrei abzuschreiben.
Du kannst dir den Text auch diktieren lassen.

Eichkatzen

Im eichhornkobel, der sich oben im baumwipfel befindet, herrscht ein dichtes gedränge. Obwohl sie noch blind sind, finden die neugeborenen den weg zur milchquelle. Die körperwärme der mutter und das kitzeln ihres fells führt die nackten kleinen zum ziel. In den ersten lebenswochen, die im kobel verbracht werden, wird vor allem getrunken und geschlafen.
Doch bald wird es dem nachwuchs in der höhle zu eng und die jagd durch die baumkronen beginnt. Beim turnen im geäst lernen die kleinen nicht nur, dass man feinden entkommen kann. Spielend wird auch der speisezettel studiert: nüsse, bucheckern, beeren, fichtensamen.

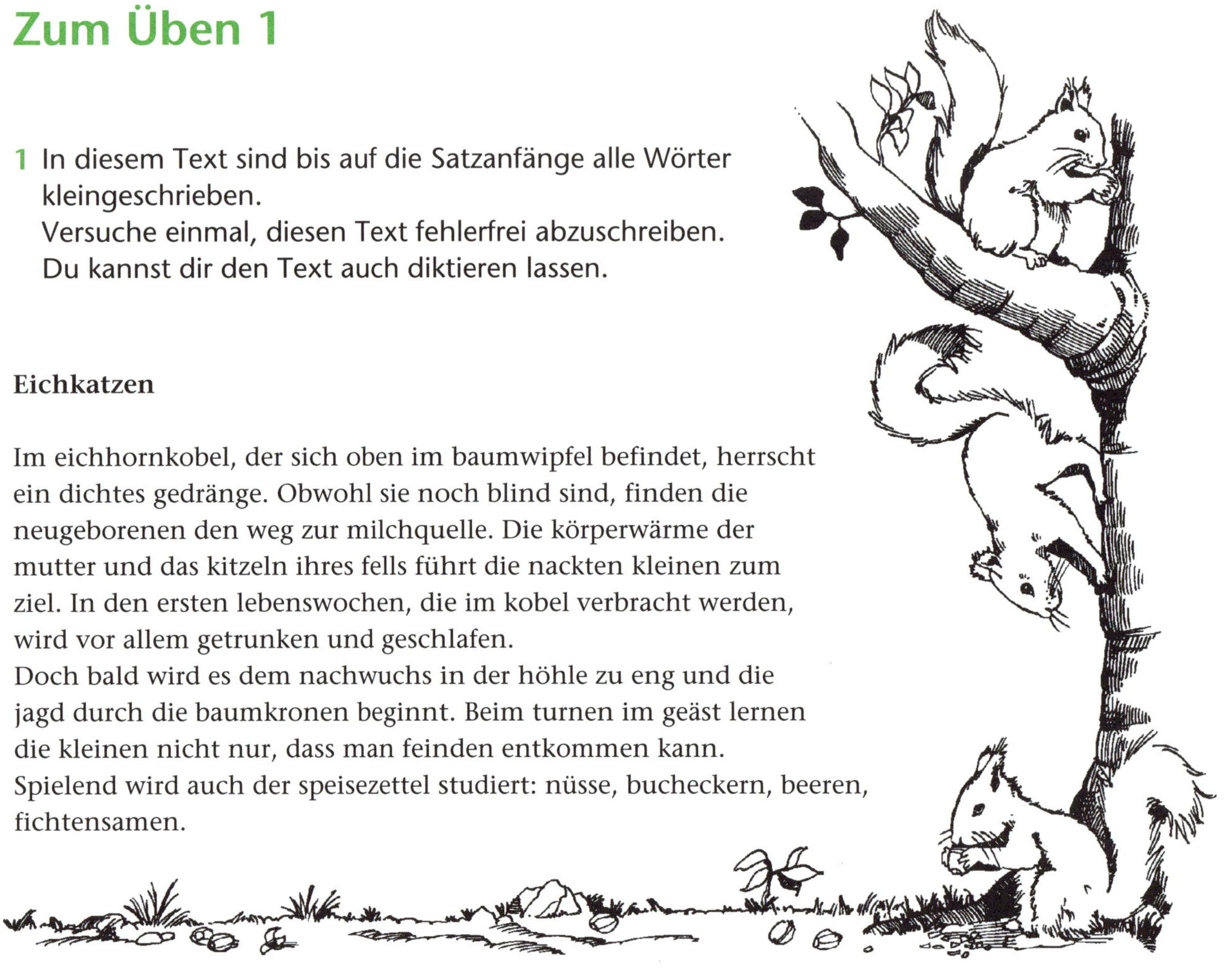

Zum Üben 2

1 Lies dir den folgenden Text laut vor. Vielleicht bemerkst du schon beim Lesen die Stellen, an denen ein Komma oder ein Punkt fehlt. Schreibe den Text ab und setze dabei die fehlenden Satzzeichen.
Achte auf die Großschreibung der Satzanfänge.
Tipp: Es sind insgesamt sechs Sätze. In drei Sätzen musst du ein oder zwei Kommas setzen.

Ohne Punkt und Komma

Die vermeintlich älteste Frau der Welt hat in Brasilien eigenen Angaben zufolge ihren 127. Geburtstag gefeiert neben zahlreichen Verwandten Freunden und Schaulustigen kamen auch Kamerateams in die kleine Stadt Itajuba im südöstlichen Bundesstaat Minas Gerais die nur 1,22 Meter kleine Frau ist in Brasilien sehr bekannt und beliebt sie diente als Vorlage für die Hauptfigur des Romans „Die Sklavin Isaura“ Frau Jeronimo stammt von Afrikanern ab die von den portugiesischen Kolonialherren vom 16. Jahrhundert an als Sklaven ins Land gebracht wurden geboren als Leibeigene auf einer Hazienda wurde sie im Zuge der gesetzlichen Aufhebung der Sklaverei erst 1888 mit 17 Jahren zur freien Person

Zum Üben 3

1 Findest du die fehlenden Kommas? Setze sie an die richtige Stelle.

1 Obwohl er hohes Fieber hatte wollte er an dem Turnier teilnehmen das übermorgen stattfinden sollte.
2 Die alte Frau deren Handtasche heruntergefallen war konnte kaum noch sehen.
3 Für den Test hatte die ganze Klasse geübt aber nur wenige konnten sich über das Ergebnis freuen.
4 Das Besondere an der Bühnenshow bestand darin dass sie fast ohne große Lichteffekte auskam.
5 In Amerika hat ein Arbeitnehmer auf seine Vorgesetzten geschossen weil er sich vom Management ungerecht behandelt fühlte.
6 Zum Glück war niemand zu Hause als die Gasexplosion das Haus zum Einstürzen brachte.
7 Kurz vor Schluss des Endspiels gab es ein böses Foul das das Publikum zu lauten Protesten veranlasste.
8 Wenn Thore nicht aufpasst kann es ihm blühen dass er das Schuljahr wiederholen muss.
9 Die Polizei kam dem Autofahrer dem sie die Schuld an dem Unfall gab bei einer wilden Verfolgungsjagd immer näher.
10 Im Jahr 2006 waren beliebte Vornamen für Mädchen Anna, Leonie und Lea für Jungen Lukas, Leon und Luka.

2 Zwei Beispielsätze beginnen mit einem Nebensatz.

Satz ____ ; Satz ____

3 In einem Satz müssen Kommas gesetzt werden, weil es sich um Aufzählungen handelt.

Satz ____

4 In einem Satz steht das Komma zwischen zwei Hauptsätzen.

Satz ____

5 In zwei Sätzen gibt es eingeschobene Relativsätze.

Satz ____ ; Satz ____

6 Zwei Sätze enden mit einem Relativsatz.

Satz ____ ; Satz ____

Zum Üben 4

1 Der folgende Text ist zum Schreiben gedacht. Lass ihn dir doch mal diktieren. Die Kommas solltest du allerdings allein setzen können.

Veränderungen in der Tierwelt

Artenschützer müssen sich etwas Besonderes einfallen lassen, da viele Tierarten vom Aussterben bedroht sind oder von anderen verdrängt werden. Immer seltener in freier Wildbahn ist z. B. die Spinatwachtel anzutreffen. Auch die blinde Kuh, die man früher häufig bei Kinderfeiern finden konnte, wird kaum noch gesehen.
Mit ihr sind auch die Topfschläger und Sackhüpfer nahezu ausgestorben, weil ihr Auftreten immer mit lautem Lachen und Gejohle verbunden war. Es gibt jedoch auch Arten, deren Bestand sich zurzeit sogar wieder erhöht. Als ein Beispiel dafür sind die Backfische zu nennen.
Gemeinsam mit den Tee-Nagern ziehen sie besonders bei guter Witterung durch die Städte, da diese Biotope wichtige Lebensvoraussetzungen erfüllen.

Einen Text berichtigen

1 Der folgende Aufsatz stammt von einer Schülerin. Berichtige den Text:
- Es sind eine Reihe Kommafehler darin.
- Besonders die Zeichen der wörtlichen Rede sind nicht alle richtig gesetzt.
- Manchmal muss man – und manchmal könnte man andere Satzschlusszeichen setzen.
- Und auch bei **dass** oder **das** stimmt nicht alles.

Das wohlfeile Mittagessen - Eine Nacherzählung

Eines Tages kam ich in das winzige Städtchen Heiligenblut. Ich hatte
großen Hunger und suchte mir ein kleines Gasthaus. In der nächsten
Straße waren ja gleich zwei was für ein Glück. Also, ging ich erst
einmal zum Bärenwirt, ich hatte dort umsonst gut gegessen und der
Wirt hatte mir noch 70 Kreuzer gezahlt. Warum?, aber jetzt gehe ich
erst einmal zum Löwenwirt und da schlag ich mir auch noch den Bauch
voll. Ich ging also in das Gasthaus hinein und setzte mich. In dem
Wirtshaus war nicht viel los, der Löwenwirt freute sich nämlich das
er einen Gast hatte. Ich bestellte bei ihm für mein Geld ein gutes Mahl.
Rindfleisch mit Klößen und Gemüse, sagte ich. Der Wirt bot mir sogar
noch einen Schoppen Wein an und ich sagte: „Na klar für mein Geld
nehme ich es." Kurz darauf kam er damit an. „Hu das sieht aber
lecker aus " sagte ich zu ihm. Er hörte schon das Geld in seiner Kasse
klimpern, denn so ein Mahl konnte sich nur ein Wohlhabender leisten.
Als es dann ans Bezahlen ging bekam ich die Rechnung 1 Taler und
20 Kreuzer. Aber das sollte mich nicht kümmern. Der Wirt kam zu
mir und wiederholte was auf der Rechnung stand.
„1 Taler und 20 Kreuzer " sagte er mürrisch. Ich wollte aber nicht
bezahlen. Nach einer Weile sagte ich zu ihm: „Wirt, ich habe nur 70
Kreuzer und die bekommen Sie auch von mir. „Nein", sagte der Wirt
trotzig, „1 Taler und 20 Kreuzer ". „Vorhin sagte ich zu Ihnen" ich
möchte ein Essen für mein Geld, wenn Sie mir mehr geben ist das
Ihre Sache. „Ach, so einer sind Sie, na gut Sie bekommen das Essen
von mir geschenkt und bekommen noch 10 Kreuzer extra. Wieso das
fragte ich erstaunt? Geh rüber zum Bärenwirt und mach dort das
Gleiche." Ich hatte die Hand schon an der Tür als ich fröhlich sagte:
„Beim Bärenwirt war ich schon, da habe ich ja den gleichen Streich
gespielt und der hatte mich zu Ihnen geschickt. Gut gelaunt ging ich
aus dem Wirtshaus satt bis oben hin und 80 Kreuzer hatte ich noch
dazu. Ja, dass ist ein Leben.

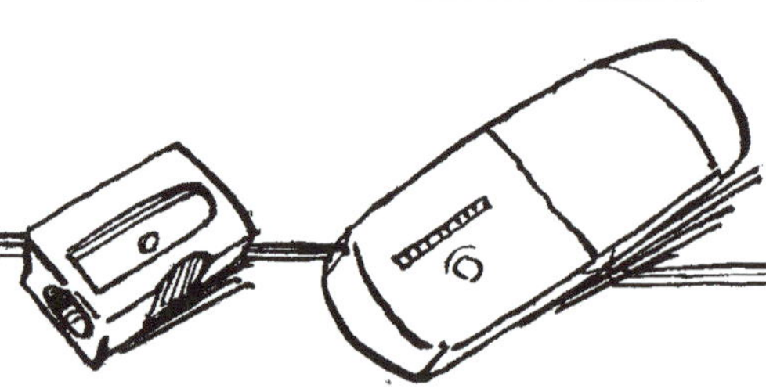

Sprichwörter entziffern

1 Hier musst du die Worttrennungen verändern, damit du die Sprichwörter lesen kannst. Finde die richtigen Wörter, indem du sie umkreist. Schreibe die Sprichwörter anschließend auf und beachte dabei die Groß- und Kleinschreibung und die Zeichensetzung.

LÜG ENHA BENKUR ZEB EINE.

VERTRA UEN ISTGU TKON TROLLEI STBES SER.

WERE INMALL ÜG TDEM GLA UBTMANN ICHTA UCHW ENNER STETSD IEW AHR HEITS PRICHT.

WASDU HE UTEK ANN STBES ORG ENDAS VERSCHI EBE NICHTA UFMOR GEN.

DERK RUGGEHTS OLAN GEZU MBRUNN ENBI SERB RICHT.

MOR GENST UND HATGOL DIMM UND.

BESCHEID EN HEITIS TEIN EZIER DOC HWEIT ERKOM MTM ANOH NEIHR.

Verdrehte Buchstaben

1 Die Buchstaben dieser Wörter sind durcheinandergeschüttelt. Schreibe die Wörter, die du erlesen kannst, richtig auf.

Gehrin ______________________ vlöilg ______________________

eagl ______________________ iennrhlab ______________________

Böldsnin ______________________ afutuahcen ______________________

slesbt ______________________ Mneshecn ______________________

Bcuhsatebn ______________________ snodren ______________________

2 Lies den folgenden Text.

Wer hätte das gedacht: Dem Gehrin ist es vlöilg eagl, in wcelehr Rieehnfloge die Bcuhsatebn iennrhlab enies Wtores afutuahcen. Es erknent slesbt den gößretn Böldsnin. Hrinfrosechr wssien wraum: Die Shcaltznetarle des Mneshecn vrearbieett nicht die enizleenn Bcuhsatebn, snodren iemmr gnzae Wröetr. Asnchlienßed vregleciht sie das Gseheene mit irhem irnneen Wröetrbcuh. Um die Mutser rcithig zu ekrnenen, msus das Gehrin das Wrot ntacürlih knneen. Und es gbit ncoh enie äurßee Bdeingung: Die esretn und ltetzen Bcuhsabten eiens Wrotes mssüen an irehr gwehotnen Seltle blibeen. Und der Snin muss aus dme Txetzsuammenhnag hrevrogehen.

3 Sicher war es einfacher, den Text zu lesen, als die verwürfelten Wörter in Aufgabe 1 zu erkennen. Schreibe auf, warum das so sein kann.

____

____

4 Welche zwei Bedingungen müssen eingehalten sein, damit der verwürfelte Text zu verstehen ist? Schreibe sie auf.

Bedingung 1: ____

Bedingung 2: ____

____

____

5 Schreibe einen kurzen Text nach diesen Regeln aus einem Buch ab und lege ihn jemandem zum Lesen vor. Veil Sapß!

Lösungen Stratego 8

Seite 4
1, 2, 3 und **4** allmählich, die Kriminalität, der Klecks, die Gefälligkeit, die Geselligkeit, ächzen, nämlich, verbergen, seltsam, das Gefängnis, unbedenklich, die Beschäftigung, zähmen, erwähnen, gähnen, die Beschädigung, bedrängen, ständig, sesshaft, klemmen, die Herde, der Sanitäter, die Echse, einfärben, der Holzfäller, das Echo, die Erklärung, derb, die Beschwerde, das Gerät, bemängeln, beherzigen, ausbessern, vergesslich

Seite 5
1 ächzen, Bär, dämlich, dämmern, fähig, gähnen, Geländer, Geschäft, Gräte, grätschen, jäten, Käse, kläffen, Krähe, krähen, lärmen, Mädchen, mähen, plärren, sägen, schräg, Träne, Knäuel, Säule, sich sträuben
2 Nomen: Bär, Geländer, Geschäft, Gräte, Käse, Krähe, Mädchen, Träne, Knäuel, Säule; **Verben:** ächzen, dämmern, gähnen, grätschen, jäten, kläffen, krähen, lärmen, mähen, plärren, sägen, sich sträuben; **Adjektive:** dämlich, fähig, schräg
3 sich sträuben, Knäuel, Säule
4 dämlich, ächzen, schräg, sägen, dämmern, fähig, plärren, mähen, gähnen, grätschen, lärmen, krähen, jäten

Seite 6
1 drehen, er dreht, der Draht; drohen, die Drohung, er droht; blühen, verblüht, die Blüte; spähen, er späht, der Späher; blähen, Blähungen, aufgebläht; nähen, die Naht, sie näht; aufbrühen, abgebrüht, die Brühe; nahe, sich nähern, sie naht
Das Wort Blüte ist die Ausnahme und wird ohne h geschrieben.

Seite 7
2 nebelig – Nebel, adelig – Adel, eklig – Ekel, tadelig – Tadel, hügelig – Hügel, stachelig – Stachel, rückfällig – Rückfall, runzelig – Runzel, schusselig – Schussel, schimmelig – Schimmel, schwindelig – Schwindel, schnörkelig – Schnörkel
3 schwefelig, knallig, dusselig, winkelig, aber: herrlich

Seite 8
1 Wörter mit s: das Gas, das Glas, das Gleis, grandios, das Gras, das Los, mies, das Moos, das Paradies, der Reis, das Verlies; **Wörter mit ß:** der Grieß, heiß, sie hieß, der Kloß, das Maß, der Schoß, der Schweiß, der Spaß, der Spieß, der Scheiß

Seite 10
1 der Urlaub, demolieren, die Athletin, sympathisch, das Puzzle, die Panik, die Blüte, erbärmlich, quengeln, die Karikatur, interessant, aggressiv, die Boutique/Butike, die Kassette, der Cousin, das Paket, krakeelen, der Pullover, anstrengen, die Vanille, das Kompott, der Ketchup/Ketschup, konfus, der Tipp, solar
2 Die „Chaosgruppe" gab Samstagnacht ein tolles Open-Air-Konzert. Der Rhy**th**mus der B**a**nd war echt fetzig. Die Texte und Lieder waren sehr int**e**ressant. Viele der Zuhörer kannten sie schon und konnten mitgr**ö**len. Nach jedem Song spendete das Pu**b**likum riesigen Beifall. Die Ova**t**ionen am Schluss des Konzerts wollten kein Ende nehmen. Der hohe Eintrittpreis hatte sich gel**oh**nt.

Seite 11
1 Fakir, legitim, Satellit, Gardine, Physik, Favorit, Republik, Termin, Vampir, intim, steril, Profil

Seite 12
1 Isolation, System, Korrektur, korrigieren, identifizieren, funktional, Funktion, aktiv, isolieren, Aktion, Format, systematisch, informieren, Identifikation, Information, funktionieren, aktivieren, formatieren, identifiziert, formlos, systematisieren, isoliert, korrigiert, informativ

Seite 13
2 Tabulator, Laserdrucker, Escapetaste, Download, Programm, formatieren, Monitor, Megabyte, Modem, zentrieren, Scanner, Internet, chatten, Prozessor, Datei, Returntaste, Cursor, surfen, Software, Mailbox
3 (1) Mailbox, (2) Scanner, (3) chatten, (4) Returntaste, (5) Megabyte, (6) Prozessor, (7) zentrieren, (8) Cursor, (9) Escapetaste

Seite 14
2 Diskussion, Resultat, Violinpart, covern, Song, inspirieren, Bilanz, Drummerin, Girlie, Formation, Band, realisieren, Idee, Idole, Folkeinflüsse, Rockmusik
3 (1) Drummerin, (2) Idee, (3) covern, (4) Rockmusik, (5) absolut, (6) Idol, (7) realisiert, (8) Formation, (9) Resultat, (10) Diskussion

Seite 15
1 Ar-mut, Arm-band, Bio-top, Wit-ze, witz-los, Ehe-frau, kleck-sen, kle-ckern, Au-gust, Wes-ten, west-lich, Abend-brot
2 he-rein – her-ein, hi-nauf – hin-auf, Fe-bru-ar – Feb-ru-ar, Pro-blem – Prob-lem, ex-tra – ext-ra, wa-rum – war-um
3 Karten-telefon, Start-erlaubnis, Welt-ende, Tal-enge, Wein-essig, Stief-eltern, Spiegel-eier, Woll-laden
4 Trans-port, Nach-teile, Kloster-frau, Fund-ort, Trumpf-ass, Aussichts-turm

Seite 16
1 nach-teilig, ge-stunken, himmel-angst, huf-förmige, in-stinktiv, kiel-oben, Wetter-aussicht, Tal-arten, Trumpf-ass, Sauer-ampfersuppe, Stan-darten, Pupillen-erweiterung, Prüf-ingenieur, Welt-ende, Aussichts-turm, Tor-flaute, Schnell-essen, Langsam-essen, Alters-teilzeit, Zitat-ende

Seite 19
1 (1a) zusammengeschrieben, (1b) zusammen schreiben, (2a) wieder bekommen, (2b) wiederbekommen, (3a) dagegen setzen, (3b) dagegenzusetzen, (4a) dabei sitzen, (4b) dabeisitzen, (5a) dazwischengehen, (5b) dazwischen gehen, (6a) weiter kommen, (6b) weiterkommen

Seite 20
1 (1) Unter diesem Angstmachen habe ich sehr gelitten. (2) Das Notleiden hat jetzt ein Ende. (3) Das Auswendiglernen von Gedichten macht ihm großen Spaß. (4) Ich werde ihr beim Spazierengehen sagen, dass ich sie gern habe. (5) Wir werden das Zusammensein genießen. (6) Aber Robert sagte mir, dass das Stehenlassen eines Koffers eine Menge Ärger machen kann.

Seite 21
1 kennen lernen, das Wachhalten, erstaunt sein, das Osterwasserholen, Wasser holen, das völlige Stillsein, beim morgendlichen Zusammensein, gesund bleiben, beim Ostereierbemalen, beim Ostereierverzieren, nach dem Farbeauftragen, Wert legen

Seite 22
1 gut + schreiben: a) getrennt, b) zusammen; übrig + haben: a) zusammen, b) getrennt; näher + kommen: a) zusammen, b) getrennt; offen + bleiben: a) zusammen, b) getrennt; schief + gehen: a) getrennt, b) zusammen; locker + lassen: a) zusammen, b) getrennt; schlecht + reden: a) getrennt, b) zusammen; gerade + stehen: a) zusammen, b) getrennt

Seite 23
1 (1) schwarzarbeiten, (2) gerade halten, (3) gesundgeschrieben, (4) richtigliegen, (5) voll geschrieben, (6) schwer gestürzt, (7) ernst genommen, (8) kürzertreten, (9) schwernehmen, (10) schlecht gegangen, (11) offen ausspricht

Seite 24
1 Präposition und Verb: beim Betrachten, zum Wachsen, beim Planen, zum Senken
Artikel und Verb/Adjektiv: das Transportieren, das Neue, das Überziehen, das Wiederverwenden
unbestimmtes Pronomen und Adjektiv: etwas Besonderes und Einmaliges, nichts Außergewöhnliches

Seite 25
1 (1) nichts Vernünftiges, (2) das Singen, etwas nervig, (3) nichts verloren, (4) das neue Grün, (5) etwas faul, (6) vom langen Sitzen, (7) beim Zappen, nichts Interessantes, (8) beim Starten, (9) ein wenig alt, (10) wenig aufregend, kaum Neues
2 nominalisierte Verben: das Singen, vom langen Sitzen, beim Zappen, beim Starten
nominalisierte Adjektive: nichts Vernünftiges, das neue Grün, nichts Interessantes, Neues

Seite 26
1 im Wesentlichen, im Allgemeinen, im Nachhinein, im Folgenden, im Voraus, auf dem Laufenden, den Kürzeren, das Beste und Einfachste, im Ganzen, im Einzelnen
2 (1) im Wesentlichen, (2) im Großen und Ganzen, (3) im Stillen, (4) im Dunkeln, (5) im Geringsten, (6) im Guten

Seite 27
1 der Blaue Planet, das Neue Testament, der Heilige Abend, das Fleißige Lieschen, der Indische Ozean
2 ungewöhnliche Namen, dem Gewöhnlichen Froschlöffel, dem Niederliegenden Krähenfuß, ein warzige Oberfläche, Warziger Krähenfuß, keine große Überraschung, die Große Sternmiere, violette Pilze, Violetter Rötelritterling

Seite 28
1 (In den folgenden Sätzen sollte auf jeden Fall ein Komma stehen:) Sandra geht jetzt mit ihrem neuen Freund Timm, und mit Marvin ist es aus. Er sieht trübsinnig in sein Buch, und in Sandras Augen am Nachbartisch blitzt kalte Ablehnung. Manchmal könnte er sich mit Timm so richtig prügeln, oder mit Sandra möchte er am liebsten irgendwohin fahren. Aber das lässt sich natürlich nicht machen mit den beiden, und mit ihm sieht es auch nicht gerade gut aus. Da gibt es ja noch die schöne Lisa am Tisch vor ihm, oder im nächsten Dorf gibt es Lara. Zumindest Lisa ist doch sowieso scharf auf ihn, und die Sandra kann sie nicht ausstehen. Mit solchen Gedanken liest er in seinem Buch, und in seinem Bauch grummelt es. Mache ich mich an Lisa heran, und an Sandra verschwende ich keinen Gedanken mehr? Die sieht wohl sein Unglück, oder ihre Chance sieht sie gekommen. Marvin wird nach der Schule einmal mit ihr reden, und mit Sandra ist die Sache gegessen.

Seite 29
1 (1) Das Feuer breitet sich immer mehr aus, denn auffrischender Wind sorgte für neue Brandherde. (2) Die Klassenarbeit war ein großer Reinfall gewesen, trotzdem ließ er den Kopf nicht hängen/aber er ließ den Kopf nicht hängen. (3) Eva hatte einen Verkehrsunfall, deswegen will sie ihr Praktikum während der Ferien nachholen.
2 Die Tennis-Weltmeisterschaft in Hannover war ein großer Erfolg, denn Tausende von Besuchern waren zum Messegelände gekommen. An mehreren Tagen waren die besten Tennisspieler der Rangliste in Aktion zu bewundern und sie zeigten in zahlreichen Spielen Tennis vom Feinsten. Das Fernsehen übertrug alle Spiele live, der Rundfunk sendete ständig Zwischenberichte über Spielergebnisse. Unter den Zuschauern befand sich viel Prominenz. So konnte man bekannte Sportler entdecken, aber auch mancher Politiker war zu sehen.

Seite 30
1 Wenn sich das Insekt der verlockenden Pflanze nähert, erkennt es die tödliche Gefahr nicht. **Solange** sich das Tier nicht auf die bewimperten Blätter setzt, kann ihm auch nichts passieren. **Wenn** es sich jedoch auf ihnen niederlässt, schnappt die Falle zu und seine letzten Sekunden sind angebrochen. **Weil** der Nektar der rötlich schimmernden Wimpern eine haftende Wirkung besitzt, kann das Insekt seinen Rüssel nicht mehr befreien. In kürzester Zeit ist es gefesselt und erstickt, **obwohl** es sich um ein Entkommen bemüht. **Nachdem** sich die Blattränder ähnlich wie zu einer geöffneten Hand gewölbt

haben, zersetzt der von den Wimpern ausgeschiedene klebrige Saft das Tier. Der hier beschriebene fleischfressende Sonnentau benötigt für sein eigenes Überleben diese Kost, **weil** der Boden seines Standortes dringend benötigte Nährstoffe nicht bietet. **Da** der Sonnentau auf den nährstoffarmen Böden des Hochmoores wächst, kann er jedoch auch nicht von höheren Pflanzen überwachsen und erdrückt werden. Das Überleben in dieser ökologischen Nische gelingt allerdings nur, **wenn** sich die Pflanze die fehlenden Nährstoffe statt aus dem Boden aus der „Luft" holt.

Seite 31
1 (1) Torsten hat sich, nachdem er sein Taschengeld bekommen hat, sofort eine neue CD gekauft. (2) Fast jedes Jahr stranden Wale, die hier nicht zu Hause sind, an den Küsten der Nordsee. (3) Die Einbrecher verließen in dem Augenblick, als die Polizei mit dem Einsatzwagen vorfuhr, durch den Hintereingang das Gebäude. (4) Die Gletscher der Alpen beginnen, weil die Temperaturen zunehmen, allmählich abzuschmelzen.
2 (1) Die Zwischenläufe sollen nachmittags durchgeführt werden, nachdem die Vorläufe bereits am Vormittag stattgefunden hatten. Die Zwischenläufe sollen, nachdem die Vorläufer bereits am Vormittag stattgefunden hatten, nachmittags durchgeführt werden. (2) Im Januar 2007 gab es Temperaturen von über 17°C, weil ständig warme Luftmassen nach Europa strömten. Im Januar 2007 gab es, weil ständig warme Luftmassen nach Europa strömten, Temperaturen von über 17°C. (3) Viele Patienten nehmen aus Furcht nicht die verschriebenen Arzneimittel ein, weil auf den Beipackzetteln auf alle möglichen Nebenwirkungen hingewiesen wird. Viele Patienten nehmen aus Furcht, weil auf den Beipackzetteln auf alle möglichen Nebenwirkungen hingewiesen wird, nicht die verschriebenen Arzneimittel ein.

Seite 32
1 (1) Wir können davon ausgehen, **dass** jeder ab und zu lügt, **der** seine Sprache beherrscht. (2) Viele Lügen sind ja auch tatsächlich keine reinen Bosheiten, **die** man anderen antut, **weil** man ihnen einen Schaden zufügen will. (3) Die meisten Lügen, **die** wir im Alltag begehen **und die** man eher kleine Schwindeleien nennen könnte, sind sicher nicht wirklich böse gemeint. (4) Richtig böse wird eine Lüge aber dann, **wenn** wir uns damit einen Vorteil verschaffen wollen **oder** gar anderen damit einen Schaden zufügen. (5) Für den Lügner, **der** dabei ertappt worden ist, kann das richtig peinlich werden, **weil** man ihm dann nicht mehr glaubt. (6) Solche Lügen haben oft, **wenn** man sie häufiger anwendet, einen Verlust des Vertrauens zur Folge, **das** der andere in einen gesetzt hat. (7) Dann bewahrheitet sich das Sprichwort: Wer einmal lügt, **dem** glaubt man nicht, **wenn** er auch gleich die Wahrheit spricht. (8) Nun gibt es aber auch Lügen, **die** man sagt, **weil** man einen anderen vor der Wahrheit schützen möchte, **weil** diese vielleicht schlimme Folgen für einen haben könnte. (9) Solche Lügen, **die** man aus Not sagt, **weil** man vielleicht einen anderen sogar vor einer schlimmen Wahrheit schützen möchte, werden „Notlügen" genannt. (10) Jeder muss wissen, **dass** er für seine Worte selbst verantwortlich ist, **ob** sie nun Lügen oder Notlügen sind, **dass** er in manchen Fällen sogar dafür verantwortlich gemacht werden kann.
(11) Am verlässlichsten sind ganz gewiss Menschen, **die** darauf achten, **dass** sie andere nicht durch Lügen hinters Licht führen, **was** ja nicht heißt, **dass** man die Wahrheit immer aus dem Sack lassen muss.

Seite 33
1 (1) das Wegstück, das … (2) das Sträßchen, das … (3) zum Treffen, das … (4) das Kleid, das … (5) sein Messer, das … (6) ein Buch, das … (7) ein Brötchen, das … (8) das Tonband, das …
2 (1) freue mich darüber, dass … (2) ärgert mich, dass … (3) entschuldigt sich, dass … (4) warte darauf, dass … (5) fühlte, dass … (6) wissen genau, dass … (7) schaffte es, dass … (8) nicht glauben, dass …

Seite 34
1 wissen, dass …; in dem **Stadion**, das …; niemand staunte 1984, dass …; das **Flutlicht**, das …; das heute übliche dreistufige **Podest**, das …; erinnert sich heute kaum jemand, dass …; Millionen Menschen erfahren, dass …; berichtete der Gewinner, dass …; vom **Außergewöhnlichen**, das …; sie erlebten beim 400-Meter-Hürden-Lauf der Männer, dass …; damals galt, dass …; das **Missgeschick**, das …; konnte sich freuen, dass … und der Zweite, dass …; das **Programm** von 1932, das …; zeigte, dass …

Seite 35
1 (1a) das, (1b) dass, (2a) dass, (2b) das, (3a) das, (3b) dass
2 a) dass, b) das, c) das, d) dass, e) das, f) dass

Seite 36
1 A Ein Radfahrer fährt mit einem laut scheppernden Schutzblech auf dem Radweg. Ein anderer fährt hinter ihm her und ruft: „Hallo, dein Schutzblech scheppert." Aber der erste hört ihn nicht. Der zweite fährt an ihm vorbei. „Hallooo, dein Schutzblech scheppert", brüllt er. „Kann nichts verstehen. Mein Schutzblech scheppert so", brüllt der erste zurück.
B „Niemals werde ich", sagt die Tochter zur Mutter, „einen Mann heiraten, der schnarcht." „Das habe ich früher auch gesagt", sagt die Mutter. „Na und?", fragt die Tochter. „Als ich es wusste", antwortet die Mutter, „war es zu spät.
C „Sag mal", fragt Müller, „kann man dem Schulze eigentlich trauen?" „Wie meinst du das?", fragt Meyer. „Na, ist er ehrlich?", fragt Müller. „Der? Du meine Güte", antwortet Meyer, „dem würde ich nie die Hand geben, ohne nachher die Finger nachzuzählen." **D** Pitt zeigt auf eine Frau und fragt Pott: „Kannst du mir sagen, was sie dort sucht?" „Ihr Portemonnaie", sagt Pott. „Woher", fragt Pitt, „willst du denn das wissen?" „Na", sagt Pott, „ich hab es gefunden."

Seite 38
1 säuerlich (sauer), die Kälber (Kalb), es dämmert, Verkehrsschild (Schilder), der Lärm, etwas ändern (anders), ängstlich (Angst), hässlich (Hass), das Geräusch (rauschen), endlich (Ende), täuschen (Tausch), lächerlich (lachen), das Geländer (Land), betäubt (taub), das Geläute (laut) die Bremse, mild (milde), geschwind (geschwinde), der Schoß (Schöße), die Schuld (Schulden), der Katalog (Kataloge), er Leopard (Leoparden), der Zwerg (Zwerge), halb vier (halbe)

Seite 39
1 zerstäuben, scheußlich, aufzäumen, die Säule, ausräuchern, verscheuchen, die Schleuse, ein Wiederkäuer, das Gemäuer, sich aufbäumen, ausräumen, das Käuzchen , das Gehäuse.
2 der Bandit, der Favorit, das Augenlid, guter Rat, der Pfad, das Plakat, der Kamerad, vier Grad, der Neid, seit acht Tagen, der Abschied, der Satellit, gemütliche, der Übermut, absurd

Seite 40
1 endlos, entlassen, Endspiel, entlang, endgültig, entlaufen
2 leidend, aufregend, Abonnent, permanent, glühend, Patient, spielend, Talent, Element, liebend, lärmend, turbulent, Prozent, Moment, verletzend, tausend

Seite 41
1 (1) flehentlich, (2) wöchentlich, (3) endlos, endlich, (4) eigentlich, patent, (5) Argument, renitent, (6) laufend, (7) versehentlich, (8) permanent, irgendwo, (9) konsequent, (10) entsetzlich, (11) unentschieden, (12) entweder, unordentlich, (13) Talent, (14) namentlich, (15) entferntesten, (16) Produzent, willentlich, (17) leidend, (18) hoffentlich

Seite 42
1 Im Eichhornkobel, der sich oben im Baumwipfel befindet, herrscht ein dichtes Gedränge. Obwohl sie noch blind sind, finden die Neugeborenen den Weg zur Milchquelle. Die Körperwärme der Mutter und das Kitzeln ihres Fells führt die nackten Kleinen zum Ziel. In den ersten Lebenswochen, die im Kobel verbracht werden, wird vor allem getrunken und geschlafen. Doch bald wird es dem Nachwuchs in der Höhle zu eng und die Jagd durch die Baumkronen beginnt. Beim Turnen im Geäst lernen die Kleinen nicht nur, dass man Feinden entkommen kann. Spielend wird auch der Speisezettel studiert: Nüsse, Bucheckern, Beeren, Fichtensamen.

Seite 43
1 Die vermeintlich älteste Frau der Welt hat in Brasilien eigenen Angaben zufolge ihren 127. Geburtstag gefeiert. Neben zahlreichen Verwandten, Freunden und Bekannten kamen auch Kamerateams in die kleine Stadt Itajuba, im südöstlichen Bundesstaat Minas Gerais. Die nur 1,22 Meter kleine Frau ist in Brasilien sehr bekannt und beliebt. Sie diente als Vorlage für die Hauptfigur des Romans „Die Sklavin Isaura". Frau Jeronimo stammt von Afrikanern ab, die von portugiesischen Kolonialherren vom 16. Jahrhundert an als Sklaven ins Land gebracht wurden. Geboren als Leibeigene auf einer Hazienda, wurde sie im Zuge der gesetzlichen Aufhebung der Sklaverei erst 1888 mit 17 Jahren zur freien Person.

Seite 44
1 (1) Obwohl er hohes Fieber hatte, wollte er an dem Turnier teilnehmen, das übermorgen stattfinden sollte. (2) Die alte Frau, deren Handtasche heruntergefallen war, konnte kaum noch sehen. (3) Für den Test hatte die ganze Klasse geübt, aber nur wenige konnten sich über das Ergebnis freuen. (4) Das Besondere an der Bühnenshow bestand darin, dass sie fast ohne Lichteffekte auskam. (5) In Amerika hat ein Arbeitnehmer auf seine Vorgesetzten geschossen, weil er sich vom Management ungerecht behandelt fühlte. (6) Zum Glück war niemand zu Hause, als die Gasexplosion das Haus zum Einstürzen brachte. (7) Kurz vor Schluss des Endspiels gab es ein böses Foul, das das Publikum zu lauten Protesten veranlasste. (8) Wenn Thore nicht aufpasst, kann es ihm blühen, dass er das Schuljahr wiederholen muss. (9) Die Polizei kam dem Autofahrer, dem sie die Schuld an dem Unfall gab, bei einer wilden Verfolgungsjagd immer näher. (10) Im Jahr 2006 waren beliebte Vornamen für Mädchen Anna, Leonie und Lea, für Jungen Lukas, Leon und Luka.
2 Satz 1, 8
3 Satz 10
4 Satz 3
5 Satz 2, 9
6 Satz 1, 7

Seite 46
1 Eines Tages kam ich in das winzige Städtchen Heiligenblut. Ich hatte großen Hunger und suchte mir ein kleines Gasthaus. In der nächsten Straße waren ja gleich <u>zwei. Was</u> für ein <u>Glück!</u> <u>Also</u> ging ich erst einmal zum Bärenwirt<u>. Ich</u> hatte dort umsonst gut gegessen <u>(,)</u> und der Wirt hatte mir noch 70 Kreuzer gezahlt. Warum<u>? Aber</u> jetzt gehe ich erst einmal zum Löwenwirt <u>(,)</u> und da schlag ich mir auch noch den Bauch voll. Ich ging also in das Gasthaus hinein und setzte mich. In dem Wirtshaus war nicht viel los, der Löwenwirt freute sich nämlich, <u>dass</u> er einen Gast hatte. Ich bestellte bei ihm für mein Geld ein gutes Mahl. <u>„Rindfleisch</u> mit Klößen und <u>Gemüse",</u> sagte ich. Der Wirt bot mir sogar noch einen Schoppen Wein an <u>(,)</u> und ich sagte: „Freilich, für mein Geld nehme ich es." Kurz darauf kam er damit an. <u>„Hu,</u> das sieht aber lecker <u>aus!",</u> sagte ich zu ihm. Er hörte schon das Geld in seiner Kasse klimpern, denn so ein Mahl konnte sich nur ein Wohlhabender leisten. Als es dann ans Bezahlen <u>ging,</u> bekam ich die <u>Rechnung:</u> 1 Taler und 20 Kreuzer. Aber das sollte mich nicht kümmern. Der Wirt kam zu mir und <u>wiederholte,</u> was auf der Rechnung stand. „1 Taler und 20 <u>Kreuzer!",</u> sagte er mürrisch. Ich wollte aber nicht bezahlen. Nach einer Weile sagte ich zu ihm: „Wirt, ich habe nur 70 Kreuzer<u>(,)</u> und die bekommen Sie auch von <u>mir."</u> „Nein ", sagte der Wirt trotzig, „1 Taler und 20 <u>Kreuzer!"</u> „Vorhin sagte ich zu <u>Ihnen,</u> ich möchte ein Essen für mein Geld. Wenn Sie mir mehr <u>geben,</u> ist das Ihre <u>Sache."</u> „Ach, so einer sind Sie<u>! Na gut,</u> Sie bekommen das Essen von mir geschenkt und bekommen noch 10 Kreuzer <u>extra."</u> <u>„Wieso das?",</u> fragte ich <u>erstaunt.</u> <u>„Geh</u> rüber zum Bärenwirt und mach dort das <u>Gleiche!"</u> Ich hatte die Hand schon an der <u>Tür,</u> als ich fröhlich sagte: „Beim Bärenwirt war ich schon, da habe ich ja den gleichen Streich <u>gespielt(,)</u> und der hatte mich zu Ihnen <u>geschickt."</u> Gut gelaunt ging ich aus dem <u>Wirtshaus,</u> satt bis oben <u>hin,</u> und 80 Kreuzer hatte ich noch dazu. Ja, dass ist ein <u>Leben!</u>

Seite 47
1 Lügen haben kurze Beine. Vertrauen ist gut, Kontrolle ist besser. Wer einmal lügt, dem glaubt man nicht, auch wenn er stets die Wahrheit spricht. Was du heute kannst besorgen, das verschiebe nicht auf morgen.
Der Krug geht so lange zum Brunnen, bis er bricht. Morgenstund hat Gold im Mund. Bescheidenheit ist eine Zier, doch weiter kommt man ohne ihr.

Seite 48
1 Gehirn, völlig, egal, innerhalb, Blödsinn, auftauchen, selbst, Menschen, Buchstaben, sondern